L'ART ARCHITECTURAL

EN FRANCE

DEPUIS FRANÇOIS Iᵉʳ JUSQU'A LOUIS XVI

—

TOME SECOND

PARIS. — TYPOGRAPHIE HENNUYER ET FILS, RUE DU BOULEVARD, 7.

L'ART ARCHITECTURAL

EN FRANCE

DEPUIS FRANÇOIS Ier JUSQU'A LOUIS XVI

MOTIFS DE DÉCORATION INTÉRIEURE ET EXTÉRIEURE

DESSINÉS D'APRÈS DES MODÈLES

EXÉCUTÉS ET INÉDITS

DES PRINCIPALES ÉPOQUES DE LA RENAISSANCE

COMPRENANT

LAMBRIS, PLAFONDS, VOUTES, CHEMINÉES, PORTES, FENÊTRES, FONTAINES, GRILLES, STALLES, CHAIRES A PRÊCHER,
AUTELS, BIBLIOTHÈQUES, TOMBEAUX, VASES, GLACES, ETC., ETC.

PAR

EUGÈNE ROUYER

Architecte, ancien inspecteur aux travaux du Louvre.

TEXTE

PAR ALFRED DARCEL

Attaché à la conservation des Musées impériaux, membre du Comité
des monuments historiques.

TOME SECOND

PARIS

LIBRAIRIE POLYTECHNIQUE DE J. BAUDRY, ÉDITEUR

15, RUE DES SAINTS-PÈRES

MÊME MAISON A LIÉGE

1866

PLAFONDS

DE

L'ÉGLISE DE TILLIÈRES

CINQ PLANCHES, DONT UNE DOUBLE.

La colonie d'artistes que les cardinaux d'Amboise appelèrent à Gaillon pour y décorer leur palais d'été semble s'être étendue, comme nous l'avons vu déjà[1], le long des frontières qui séparent la Normandie de la France, frontières qu'elle avait jalonnées, pour ainsi dire, par une suite de monuments remarquables. Nous avons déjà étudié le portail de l'église des Andelys et les constructions du château d'Anet, et nous avons signalé les églises de Gisors et de Vetheuil. Voici, dans l'église de Tillières, de nouvelles œuvres de ces artistes qui pénétrèrent également au cœur de la Normandie pour y décorer les édifices de Rouen, de Caen et de Falaise.

Si les précédentes œuvres que nous avons analysées nous laissent incertains quant à la date précise de leur construction, à Tillières nous n'avons point à hésiter. Nous savons, grâce aux indications que le monument nous fournit lui-même, quand il fut commencé et l'année précise de son achèvement, et aux frais de quelle famille il fut exécuté. Cette famille était celle des Leveneur, comtes de

[1] Tome I, page 33.

Tillières, à laquelle l'Église doit un évêque d'Évreux et un cardinal qui occupa le siége épiscopal de Lisieux.

Possesseurs, à Tillières, d'un château fort qui défendait les frontières de Normandie et patrons assurément de l'église paroissiale, les Leveneur enrichirent celle-ci d'un nouveau chevet entre les années 1543 et 1546. Ces dates sont gravées, en effet, au milieu d'ornements dont le motif principal est formé des écussons de la famille et de ses alliances. Un caveau qui fut violé lors de la Révolution, et qui servait sans doute de sépulture à la famille Leveneur, nous semble avoir motivé les importantes constructions que nous allons analyser.

Ce chevet, qui termine une nef recouverte d'un berceau en bois, se compose, en plan, de deux travées terminées par une abside à trois pans, ainsi qu'il est aisé de s'en rendre compte en réunissant les deux planches qui représentent la projection horizontale du plafond du chœur. Deux travées carrées sont accolées à son flanc méridional (côté de l'épître) en prolongement du seul bas-côté qui existe le long de la nef. Une de ces travées est donnée en projection horizontale sous le nom de « Chapelle des fonts baptismaux. »

Le mode de construction des plafonds de ces additions du seizième siècle concilie d'une façon aussi rationnelle qu'originale le système des voûtes gothiques avec celui des plates-bandes antiques. Le plafond est, en effet, composé de grandes dalles posées sur des sommiers qui portent sur l'extrados de nervures combinées de la même façon que si elles eussent dû supporter des voûtes. Seulement, afin de donner plus de richesse à l'ensemble, les arcs diagonaux se bifurquent au lieu de se réduire, comme d'ordinaire, à deux nervures qui se croisent et motivent ainsi une seule clef; se dédoublant à leur naissance, ils donnent naissance à huit portions d'arcs qui se réunissent deux à deux à une même clef, de sorte qu'il y a ainsi quatre clefs pour chaque travée. Les pendentifs qui en naissent sont, en outre, réunis par des nervures saillantes.

Les tympans de tous ces arcs, arcs-doubleaux, arcs diagonaux et arcs formerets, sont garnis de maçonneries pleines qui supportent des soffites. Ceux-ci se confondent même avec le sommet des arcs, les voussoirs de clef se prolongeant en tas de charge pour les former.

Des pentes de feuillages et des trophées sont sculptés en relief dans la gorge plate qui se profile à l'intrados des nervures, dont les côtés sont simplement ornés de moulures lisses, ainsi que ceux des soffites, afin de mieux faire valoir les rinceaux et les cartouches sculptés sur les tympans.

De grandes clefs pendantes, ornées de mascarons, de feuillages, de volutes, creusées de niches que séparent des pilastres et qui renferment des statuettes, marquent les points de rencontre des arcs diagonaux.

Les dalles posées par-dessus cet appareil si bien disposé pour les soutenir sont magnifiquement ornées de sculptures en relief dont le motif principal consiste en écussons posés au milieu de cartouches et accompagnés de supports variés. Le tout se combine avec des guirlandes de feuillages ou de fruits, avec des bustes et des mascarons qui couvrent le fond de la dalle de leur dessin un peu indécis. Les supports sont tantôt des anges, des hommes barbus ou des enfants, tantôt des satyres ou des chimères de tout âge et de tout sexe dont les corps se terminent en volutes feuillagées, tantôt des cerfs ailés ou des chiens.

Parmi les armes variées qui chargent les écussons, celles de Leveneur, « d'argent à la bande d'azur, chargée de trois croisettes d'argent [1], » reviennent le plus souvent, soit isolées dans ceux que surmonte le chapeau épiscopal, soit mi-parties dans les écussons losangés des dames qui, par naissance ou par alliance, faisaient partie de la famille.

Les remarquables sculptures que montrent nos planches furent exécutées sur le chantier avant que d'être mises en place, du moins les différentes dates que nous relevons nous le font présumer, en même temps qu'elles nous renseignent sur la durée probable du travail.

En effet, la date de 1543 est gravée sur l'un des cartouches du tympan de l'arc-doubleau qui sert comme de frontispice au plafond de l'église de Tillières, tandis que celle de 1546 se lit au-dessus de l'un des écussons, dans les panneaux qui recouvrent le polygone de l'abside.

Les sculptures du support étaient donc exécutées avant celles du dallage, car si le ravalement eût été fait sur place, suivant la pratique actuelle, la sculpture des dalles eût porté une date antérieure à celle des arcs qui les soutiennent, puisque les travaux eussent dû marcher en descendant.

Nous voyons que trois années au moins ont été nécessaires pour l'accomplissement de ce travail, exécuté en pierres d'un grain très-fin et d'une couleur un peu jaunâtre. Les écussons étaient pour la plupart peints et dorés. Le tout, qui avait été badigeonné jadis, a été nettoyé il y a quelques années sous la direction de M. Lambert, architecte du gouvernement, qui l'a rendu à son état primitif.

---

[1] Renseignement fourni par M. Raymond Bordeaux (d'Evreux).

DÉCORATIONS EN BRIQUES

DU

CHATEAU DE LOUEY

(PRÈS DREUX)

UNE PLANCHE.

L'idée de se servir des différents tons de la brique pour concourir à la décoration des constructions date du moyen âge, surtout dans l'Allemagne du Nord et en Angleterre. En France, l'un des plus curieux spécimens de ce mode de construction ornée est le colombier de Boos, près de Rouen, qui date du seizième siècle.

Les exemples que nous présentons ici appartiennent à la même époque et proviennent d'un château des environs de Dreux. Ils montrent quel parti l'on peut tirer, pour égayer les grands panneaux en briques des façades, des colorations diverses de la brique, qui varient ordinairement du jaune au rouge et au noir.

Dans certaines parties de la Normandie, il existe des constructions en silex blancs et noirs, taillés en cubes, qui dénotent beaucoup de goût chez ceux qui les ont mis en œuvre aux seizième et dix-septième siècles, et qui sont une lointaine tradition des constructions polychromes des époques carlovingienne et normande.

Ces deux matières, le silex et la brique, peuvent encore être aujourd'hui d'un grand secours aux architectes qui sont chargés d'élever des villas dans les stations de bains, où la pierre fait souvent défaut.

Époque de Henri II

NIELLES

DU

CHATEAU D'ÉCOUEN

UNE PLANCHE.

Nous avons déjà donné d'importants détails de la décoration intérieure du château d'Ecouen[1], qui se réduit presque à ce que l'on trouve dans la chapelle et dans la salle où l'architecte chargé de la restauration a réuni tout ce que l'on a pu retrouver des splendeurs passées de la résidence des Montmorency. Quelques traces de peintures murales existent seules dans les pièces qui ont été transformées en salles d'études, en réfectoires et en dortoirs pour les demoiselles de la Légion d'honneur, mais cachées sous des volets mobiles qui permettent de les étudier au besoin.

La cheminée monumentale déjà publiée (t. I, pl. 43 et 44), de nombreux fragments des anciens carrelages en faïences émaillées reproduisant les armes et la devise du connétable, et des portes où l'on a ajusté des reproductions d'une remarquable serrurerie (t. I, p. 46), dont les pièces sont disséminées dans les musées et dans les cabinets d'amateurs, constituent les parties anciennes de la

---

[1] Tome I, planches 43 à 47.

salle d'apparat, à laquelle on a donné le nom de *salle Napoléon*. Les murailles et les plafonds à poutres apparentes ont été harmonisés avec ces détails au moyen de motifs empruntés à l'œuvre d'Androuet du Cerceau.

Quant à la chapelle, dont toute l'architecture existe encore, compromis entre le style gothique et les formes de la Renaissance, nous en avons publié une porte (t. I, pl. 47).

Nous complétons aujourd'hui les renseignements déjà donnés sur cette résidence d'un grand seigneur qui semble avoir eu un goût très-vif pour les arts, en publiant les nielles ou plutôt les damasquines d'or peintes sur les ventaux des portes de la salle Napoléon.

Ces décorations sont destinées à suppléer tant les incrustations d'ivoire que l'on trouve sur les meubles italiens en ébène, que celles de bois blanc ou de pâtes blanches que l'on voit sur les meubles en noyer ou en chêne construits en France. Quant à leur style, il est un souvenir bien évident des travaux exécutés en or sur le fer par les ouvriers venus d'Orient et fixés dès le commencement du seizième siècle dans le nord de l'Italie. Ce sont, en or appliqué au pinceau sur le bois, des imitations des damasquines venues de Perse, et ayant conservé une tradition orientale par l'enlacement des lignes du dessin et les profondes découpures des feuillages qui les terminent.

Les ailerons, le monogramme A. M. traversé par l'épée en pal, et le mot grec ΑΠΛΑΝΟΣ, qui sont les pièces du blason, le monogramme et la devise d'Anne de Montmorency, prouvent que ces ornements ont été exécutés avant l'année 1567, date de la mort du connétable.

PLAFOND

CHATEAU D'OIRON

UNE PLANCHE.

Les chiffres qui se lisent dans les caissons de ce plafond en bois du château d'Oiron nous indiquent exactement les limites entre lesquelles la construction de celui-ci fut accomplie. Ces chiffres, composés des lettres C. G. F., sont ceux de Claude Gouffier, l'auteur présumé des célèbres faïences qui portent le nom de Henri II, et de Françoise de Brosses, sa seconde femme, qu'il épousa en 1545 et qui mourut en 1558.

C'est donc entre ces années qu'il faut placer la construction de ce plafond, qui recouvre une galerie s'étendant au premier étage du château commencé par Hélène de Hangest, mère de Claude Gouffier, et continué par celui-ci[1].

Cette menuiserie est divisée par des poutres saillantes en grands panneaux subdivisés eux-mêmes en caissons étoilés dont le contour forme un octogone. La réunion de ces caissons quatre par quatre limite un petit panneau quadrangulaire. Celui-ci a été peint en bleu pour recevoir le chiffre du propriétaire tracé en or. Tout le surplus est resté de la couleur naturelle du bois, sauf quelques arabesques en or qui ont été réchampies sur les maîtresses poutres.

Les profils, les mesures des divisions principales et des éléments constitutifs de ce plafond sont donnés par la gravure, ainsi que les assemblages des merrains qui en forment le réseau. Nous ferons cependant remarquer que les

[1] B. Fillon, *l'Art de terre chez les Poitevins*, pages 67 et 72.

rayons des étoiles octogones ne sont point assemblés au centre, comme on serait tenté de le supposer, mais qu'un brin de bois formant diamètre, pour ainsi dire, reçoit les six autres rayons disposés trois par trois de chaque côté. Cette méthode donne plus de roide à tout le système, puisqu'il n'existe aucun cul-de-lampe pour rattacher aux poutres qu'il cache ce parquetage qui, après tout, n'est qu'un ornement.

CHEMINÉE

D'UNE]

MAISON A SARLAT

UNE PLANCHE.

Cette cheminée orne la grande salle d'un logis noble du temps de Henri II, qui s'appelle l'*hôtel de Brons,* du nom de ses derniers propriétaires, nom qui fut peut-être aussi celui de ses fondateurs[1].

D'un style très-ferme et quelque peu froid, elle semble à M. J. de Verneilh appartenir à une autre école que celle dont le Périgord possède surtout les œuvres et montre les travaux.

Certainement l'artiste qui l'a dessinée avait vu et étudié l'architecture antique en Italie, comme l'avait pu faire Jean Bullant, par exemple. Les deux pilastres toscans qui servent de montants, le linteau, longue architrave ornée de triglyphes, et la puissante corniche qui la surmonte, appartiennent à l'art aujourd'hui devenu classique. Ces pilastres se retrouvent pour garnir les deux côtés du coffre de la cheminée et supporter la corniche qui termine le tout et dont les extrémités s'arrondissent en volutes ioniques. La fantaisie française ne reprend l'empire que dans les placages en marbre qui garnissent l'intervalle des triglyphes, nous n'osons dire les métopes, et dans le groupe d'animaux en haut-relief sculptés en avant du coffre de la cheminée.

Les deux chiens qui aboient de loin contre le cerf couché et « près de ses

---

[1] *Bulletin monumental,* tome XXXI, page 750. — J. de Verneilh, *Excursion dans le Périgord et le Quercy.*

fins » et le cerf lui-même sont de grandeur naturelle, le tout sculpté dans une belle pierre jaune d'un grain très-fin. De vrais bois décorent la tête du cerf.

Des armoiries qui auraient pu, sans doute, servir à dater cette cheminée étaient peintes sur l'écu que le cerf porte suspendu au cou.

Le motif sculpté qui tient lieu de plaque est emprunté à l'une des portes de l'église de Saint-Maclou à Rouen, auxquelles il est très-probable que travailla Jean Goujon. En outre que certaines parties des sculptures rappellent son style, on est certain qu'il était employé à la construction du buffet de l'orgue de l'église Saint-Maclou à l'époque où l'on imageait les portes de celle-ci.

CHEMINÉE

DU

CHATEAU DE BAYNAC

UNE PLANCHE.

Cette cheminée est presque l'unique vestige de la Renaissance que l'on trouve dans le château de Baynac, résidence féodale qui domine de ses tours un des escarpements rocheux que contourne la Dordogne[1]. Elle a remplacé une cheminée plus ancienne dans une grande salle gothique qui date du treizième siècle.

Par la sobriété de ses profils imités du style dorique, elle semble à M. J. de Verneilh avoir été composée par le même architecte que celle de Sarlat. Seulement, au lieu de s'être contenté de profiler des moulures comme dans la première, il s'est plu à répandre sur celle-ci toutes les richesses de détail que ses études de l'antiquité lui avaient fournies. Ce sont des bucranes et des patères entre les triglyphes du linteau, puis des denticules et des modillons, enfin des grecques et des palmettes, celles-ci plus françaises que romaines, sur les différents éléments lisses ou moulurés de la corniche.

Mais, lorsqu'il s'est agi de décorer le coffre de la cheminée, comme l'antique ne donnait point ici de modèle, l'ornemaniste s'est livré aux fantaisies contemporaines, et il a entouré le champ qui devait contenir les armes du propriétaire avec les enroulements de deux cartouches superposés, dont les contours capricieusement découpés se combinent avec des guirlandes de feuilles et de fruits.

[1] *Bulletin monumental*, tome XXXI, page 754. — J. de Verneilh, *Excursion dans le Périgord et le Quercy*.

Deux termes drapés, dont la gaîne est recouverte de feuillages, encadrent latéralement ces ornements et supportent une corniche simplement profilée sans sculptures.

Cette cheminée est sculptée en pierre d'un grain très-fin, de même nature que celle employée à Sarlat, mais elle est d'une exécution bien supérieure.

La plaque est empruntée au musée du Louvre et copiée sur celle qui garnit le fond de l'âtre de la cheminée qui provient du château de Villeroy.

HOTEL DE VILLE

DE LA ROCHELLE

UNE PLANCHE DOUBLE

L'Hôtel de Ville de La Rochelle, qui présente un curieux assemblage de constructions du quinzième siècle et du dix-septième siècle, des demeures fortifiées du moyen âge et des logis ouverts de la renaissance, fut fondé à la fin du treizième siècle. Le maire y établit, dans des maisons qu'il acquit en 1297, la commune dont la charte servit de modèle à de plus puissantes cités. Puis, en 1486, on commença d'élever les bâtiments de l'échevinage, ainsi que le mur crénelé et garni d'un chemin de ronde qui forme l'enceinte de l'Hôtel de Ville. C'est en arrière de cette fortification civile qu'en 1605, le maire Barbot jeta les fondements de la galerie et de la salle dont nous publions plusieurs travées. Sur le côté gauche de cette construction, montait un escalier à double rampe dont le fer à cheval enceignait un socle portant une statue équestre de Henri IV qu'abritait une impériale : aujourd'hui on dirait une « marquise ».

Cette statue était bien due au vaillant Henri, qui, après la bataille de Coutras, avait établi son quartier général à La Rochelle, alors qu'il n'était encore que roi de Béarn et chef du parti huguenot, et qu'il recevait sans regimber les admonestations que lui adressaient ceux de la religion, à cause de ses fantaisies amoureuses.

Comme dans toute architecture qui expire, des formes bizares se cachent, à l'Hôtel de Ville de La Rochelle, sous une ornementation exubérante. Néanmoins, une certaine recherche des meilleures conditions de stabilité a fait donner aux parties basses de cette façade un mouvement et une variété dont une arcature continue eût été loin d'égaler l'effet.

Gêné sans doute par des dispositions antérieures, l'architecte de l'Hôtel de Ville de la Rochelle n'a pu donner à son rez-de-chaussée une hauteur correspondant à celle du premier étage destiné à contenir les salles d'apparat. Aussi a-t-il rapproché les points d'appui de deux en deux sous les parties pleines de la construction, afin de donner plus d'élégance aux arcades que supportent ceux-ci. Quant à l'intervalle plus grand qui sépare les appuis à l'aplomb des fenêtres, au lieu de le voûter en anse de panier, il l'a fermé par deux arcs en plein cintre retombant sur un cul-de-lampe intermédiaire : construction solidement appareillée, du reste, comme si les deux arcs ne formaient qu'une seule courbure.

De cette façon, les appuis sont plus rapprochés sous les trumeaux des fenêtres et plus écartés sous les fenêtres elles-mêmes. Les divisions du rez-de-chaussée correspondent ainsi à celles de l'étage principal.

Néanmoins, les colonnes de la galerie, qui mesurent 0^m,75 de diamètre pour 2^m,25 de hauteur totale, le socle compris, sont encore bien trapues. Les lignes horizontales même y dominent par l'alternance des assises lisses et des assises cannelées, imitation de celles que Philibert Delorme introduisit dans la construction du pavillon central des Tuileries.

Des trophées d'un dessin un peu confus chargent le tympan de ces arcs, tandis qu'un grand ornement composé de feuillages remplit celui des pendentifs, naissant du masque qui les amortit.

Une frise et une corniche de style dorique surmontent cette arcature. La première est ornée, dans ses métopes, de bustes coiffés de casques à panache et de l'H de Henri IV traversé par l'épée en pal, comme dans la galerie du Louvre achevée peu d'années auparavant, alternant avec la fleur de lis florentine, par allusion sans doute à Marie de Médicis.

L'étage de la grande salle montre plus de sobriété dans son ordonnance. Chacune des grandes fenêtres dont il est percé est encadrée par deux colonnes

corinthiennes cannelées qui portent à l'aplomb des colonnes du rez-de-chaussée et supportent un puissant entablement au-dessus duquel naissent les
combles. Dans les trumeaux des fenêtres sont creusées des niches dont la conque,
en forme de coquille, abrite une statue. La frise de l'entablement tantôt est
lisse, tantôt porte des rinceaux feuillagés qui partent d'un fleuron central posé
dans l'axe des fenêtres.

Arrivé aux combles et n'étant plus retenu par les nécessités de la construction, l'architecte s'est complétement livré à son goût pour le bizarre, en faisant
alterner les lucarnes avec des espèces de stèles réunies entre elles et avec les
lucarnes par le bahut d'un chéneau interrompu lui-même par des stèles plus
petites.

Des pilastres terminés par des figures de sirènes canéphores encadrent l'ouverture des lucarnes, et supportent une corniche au-dessus de laquelle s'arrondissent les deux naissances d'un fronton circulaire interrompu à la clef par une
haute tablette qu'amortit un fleuron central escorté par deux consoles horizontales. Une figure de génie est couchée sur chaque portion du fronton courbe.

Les grandes stèles sont composées de deux parties distinctes. La première est
encadrée par des pilastres cannelés que terminent des modillons supportant
une plate-bande. La seconde est formée d'une tablette plus étroite que l'ordonnance inférieure, surmontée par une corniche et par un fronton qu'interrompt
un masque dominé par un fleuron. Deux masques latéraux, et inclinés de façon
à former consoles, se raccordent avec les rampants de deux frontons supportés
par les pilastres de l'ordre inférieur. Rampants tournés à l'inverse de leur
position normale et montant dans le vide. Ces amorces de frontons, dont le
champ triangulaire est taillé en pointe de diamant, posent sur d'autres pointes
de diamant placées à l'aplomb des pilastres inférieurs.

Des mascarons ornent la face des petites stèles intermédiaires.

Cette construction est précieuse, à cause de sa date, pour caractériser l'architecture des commencements du dix-septième siècle qui, au milieu des monuments qu'elle nous a transmis, nous en a peu laissé d'une telle importance,
tant par l'originalité du plan que par la richesse du décor.

STALLES

DE LA

CATHÉDRALE DE BAYEUX.

UNE PLANCHE

Ces stalles garnissent les deux côtés du chœur de la cathédrale de Bayeux et se prolongeaient jadis contre le revers du jubé. La suppression de ce dernier a forcé de supprimer ce prolongement.

Un ouvrier de Caen, nomme Jacques Lefebvre, les construisit en 1589, en même temps que la chaire du célébrant et que le buffet d'orgues détruit au dix-huitième siècle. La réputation de cet ouvrier s'était étendue jusqu'en Angleterre, où il fut chargé de travaux pour la reine Elisabeth [1].

Ces stalles n'offrent que quatre ou cinq types différents dans leur ornementation, sans que l'imagerie, qui occupe une si grande place dans la décoration de cette partie du mobilier ecclésiastique pendant le moyen âge, y joue aucun rôle. Mais ce sont néanmoins, comme dans les anciennes stalles, les mêmes siéges mobiles garnis de miséricordes, ici soutenues par des têtes d'anges fort mal imaginées pour la place qu'elles occupent; les mêmes accoudoirs supportés par des panneaux qui se profilent pour le jeu de ces siéges; puis de hauts dossiers que protége un dais. Des colonnes remplacent les contre-forts de la période gothique, de même que les cuirs découpés en écussons et en lanières se sont substitués aux linges plissés ou aux bas-reliefs, de même que les masques, les feuillages, les découpures contournées remplacent les arcatures et les pinacles du couronnement.

[1] Raymond Bordeaux, *Bulletin monumental*, tome XVII, page 411 et passim.

STALLES EN BOIS

L'ÉGLISE SAINT-PIERRE

A TOULOUSE

TROIS PLANCHES

Lorsque les chartreux eurent été chassés par les huguenots des divers couvents qu'ils avaient fondés dans le Midi, ils trouvèrent un asile à Toulouse. Le Parlement et les capitouls leur accordèrent, au commencement de l'année 1569, l'autorisation de construire leur couvent et leur église à la place d'un ancien prieuré qui portait le nom de Saint-Pierre des Cuisines, à cause du grand nombre de fournils et d'auberges dont il était entouré.

Devenue un magasin militaire pendant la Révolution, l'église des chartreux fut rendue au culte catholique après le Concordat, et prit le nom de Saint-Pierre en devenant l'église paroissiale du quartier.

Ce ne put être que quelques années après 1569 que les ouvrages en menuiserie qui décorent le chœur de cette église furent entrepris et mis en place. Mais datent-ils de l'achèvement de l'édifice? c'est ce qu'il est difficile d'affirmer, tous les documents qui auraient pu donner une date ayant été brûlés. Nous pensons volontiers que ce n'est guère qu'au dix-septième siècle, à la fin du règne de Henri IV ou au commencement de celui de Louis XIII, que furent exécutés les stalles et l'encadrement de porte que nous reproduisons.

Certes, il y a une certaine délicatesse dans les guirlandes de fruits qui décorent les pilastres de la porte ; il y a un grand goût et des détails d'un dessin puissant et robuste dans les panneaux à jour qui closent l'extrémité des stalles ; tout cela appartient encore à cette grande école d'ornemanistes dont Bachelier fut le chef, et qui fit à Toulouse tant d'œuvres remarquables dont on ne parle pas comme elles mériteraient qu'on le fît. Mais le cartouche aux cuirs bizarrement contournés qui garnit le fronton circulaire de la porte, mais les têtes ailées de chérubins partout distribuées dans la décoration et qui sont si caractéristiques de l'époque de Louis XIII, nous font attribuer ces menuiseries au règne de ce roi, toujours en proie à une mélancolie profonde, comme s'il avait eu conscience que, placé entre deux époques d'art, son temps ne serait que l'écho affaibli de l'une, sans faire encore pressentir les splendeurs de l'autre.

PLAFOND

DE

LA CHAMBRE DU CONSEIL

A LA COUR D'ASSISES DE LA SEINE

UNE PLANCHE

Après l'incendie qui, en 1618, détruisit l'ancienne grande salle du Palais, en même temps que Jacques de Brosse rebâtissait, vers 1622, la salle actuelle des Pas-Perdus, on dut rétablir les salles voisines, que l'incendie avait dû ou endommager ou ruiner. C'est de cette époque que doit dater le plafond d'une petite pièce qui sert aujourd'hui de chambre du conseil pour les magistrats de la Cour d'assises. Ce plafond est divisé en quatre compartiments carrés par deux poutres saillantes qui se croisent à angle droit, auxquelles correspondent, le long des murs, des frises formant corniches.

La décoration de ce plafond, d'un aspect sévère, se compose de parties en relief et de parties qui ne sont que peintes.

Les poutres sont ornées à leur rencontre par un grand cul-de-lampe doré, d'où rayonnent quatre ornements en relief et également dorés. Aux autres extrémités des poutres, d'autres ornements semblables leur correspondent. Tout ce qui est entre eux n'est que peint et figuré. Les camaïeux roses, représentant de petits génies, qui marquent le milieu de ces poutres, sont peints dans des cartouches feints en camaïeu d'or, ainsi que les ornements de feuillages qui vont se raccorder avec les ornements semblables, mais en relief, qui garnissent les extrémités.

Le tout se détache sur un fond vert, entouré d'une moulure saillante et dorée.

Les côtés des poutres, ainsi que les frises des murs, sont également peints en vert, chargés de palmes ou de branches de laurier en or dans les compartiments que forment des triglyphes saillants et dorés, dont les cannelures sont rouges.

Chaque compartiment du plafond est orné d'une peinture encadrée dans un quatre-lobes à redans, formé d'une moulure saillante. Ce cadre est accompagné de cartouches qui se raccordent avec des têtes de femmes et qui viennent s'enrouler sur ses parties circulaires. La moulure est peinte en violet foncé et chargée d'ornements en or.

Les cartouches sont partie rouges, partie dorés, surtout sur les contours, qui s'amortissent en ornements feuillagés peints en camaïeu sur fond vert, fond circonscrit par une moulure saillante et dorée, à redans dans les angles. La plate-bande comprise entre cette baguette et une autre moulure, également dorée, est rouge, tandis que l'autre plate-bande qui lui sert d'encadrement contre les poutres et les murs est noire.

Ce sont, on le voit, des couleurs sombres et calmes qui servent de fond à des ornements d'or, soit peints, soit en relief.

Les quatre peintures qui décorent ce plafond, d'un dessin un peu massif, comme les ornements qui les encadrent, nous semblent faire allusion à la justice criminelle. L'une représente une femme vêtue de blanc qui, assise sur les nuages, se lave les mains sous l'œil de la Justice. Cette figure doit symboliser l'Innocence. C'est elle que nous reproduisons.

Dans le compartiment voisin, une jeune femme, la tête entourée d'étoiles, tenant une lumière d'une main, étudie attentivement dans un livre : c'est l'Etude.

Vis-à-vis de l'Innocence est le Châtiment, symbolisé par une jeune femme vêtue de couleur sombre, armée d'un fouet et accompagnée d'un aigle.

La Sagesse, casquée, armée de la lance et du bouclier, remplit le dernier compartiment.

PAVILLON DES ARQUEBUSIERS

A SOISSONS

DEUX PLANCHES

« On croit que la compagnie de l'Arquebuse de Soissons fut instituée au milieu de l'enthousiasme de la Ligue , et qu'en 1603 elle fut spécialement protégée par la faveur du duc de Mayenne, gouverneur de la ville, qui lui assigna une portion des remparts comme champ de ses exercices. Cette donation fut confirmée par Henri IV en 1606.

« La compagnie, s'étant accrue, fit bâtir vers l'année 1623 un gros pavillon de brique et pierre, surmonté d'un haut comble en ardoises, avec girouettes représentant des arquebusiers sous les armes.

« Malgré les subventions accordées par les communautés et les corporations de la ville, les travaux durèrent cinquante ans environ. Mais il faut l'entendre ainsi en songeant peut-être aux décorations intérieures et à la grande porte de l'enceinte où le pavillon était bâti, laquelle était surmontée de trophées et d'attributs, qui ne fut érigée qu'en 1658 par le maréchal d'Estrées, et garnie d'une magnifique grille en fer par Lévêque , qui alors était maire de Soissons.

« Les décorations intérieures comprenaient des inscriptions qui constataient la longue durée des travaux, comme le remarque le chanoine Cabaret dans ses manuscrits. Parmi ces décorations il fallait surtout remarquer les verrières, dont les sujets, tirés des Métamorphoses d'Ovide, avaient été exécutés par Pierre Jacheron, peintre verrier originaire de Soissons.

« Louis XIV, passant à Soissons en 1673, les avait admirées et en avait demandé quatre panneaux pour son cabinet. La ville les lui offrit tous ; mais ni la demande ni l'offre n'eurent de suite, et la terrible explosion de 1815 brisa les belles verrières de l'Arquebuse.

« Le pavillon est construit en belles pierres du Soissonnais, d'une teinte grise un peu noire, qui s'harmonise à merveille avec le ton foncé de la brique. Les sculptures, bien qu'elles aient souffert, indiquent un ciseau exercé et habile. »

Nous n'avons rien à ajouter à ces renseignements si précis que nous adresse M. l'abbé Poquet, curé-doyen de Berry-au-Bac, si connu par ses études sur le Soissonnais. Le fragment de l'élévation sur la porte du pavillon, que nous donnons à une grande échelle, et la planche de détails suffisent amplement pour compléter les données historiques qui précèdent. Il nous suffira de faire observer le contraste entre la fermeté des profils de l'architecture si solidement assise sur le plan incliné de son soubassement en bossages et la mollesse des ornements. Ceux-ci ne consistent, du reste, qu'en un masque fantastique posé au milieu du fronton qui surmonte la porte, et en cartouches formés de cuirs découpés et enroulés qui interrompent la frise à l'aplomb de chaque ouverture.

PLAFOND

DU

CHATEAU D'OIRON

UNE PLANCHE

La demeure élevée sous Henri II par Claude Gouffier, et à laquelle nous avons déjà emprunté un plafond (IIe partie), après avoir été saccagée par les calvinistes en 1568, fut restaurée et transformée en 1625 par Louis Gouffier, petit-fils du fondateur du château d'Oiron.

C'est à cette restauration qu'appartient le plafond dont nous donnons un détail. Les armes des Gouffier et le chiffre formé d'un G et de deux λ le prouvent.

Le grand goût de la Renaissance est ici remplacé par une fastueuse pesanteur dans des ornements qui, exécutés sans doute par des artistes provinciaux, s'ajustent péniblement dans les champs qui leur ont été réservés.

Ces ornements, exécutés en stuc, ont été embellis d'allégories païennes par les pinceaux de Jacques Despicy et de Vincent Mercier, et peut-être de Jacques Bellange [1], le plus contourné des peintres à une époque où la manière remplaça le style.

Les trophées sont dorés sur un fond imitant une mosaïque formée de petits cubes bleu, blanc et or en perspective, mosaïque qui couvre aussi les plates-bandes qui séparent les divers panneaux du plafond.

L'or recouvre également les guirlandes pendantes, ainsi que les rosaces où elles sont attachées, et les cartouches où sont peints les écus d'armoiries et les chiffres. Les sphinx enfin sont aussi dorés sur le fond naturel du bois.

[1] B. Fillon, *l'Art de terre chez les Poitevins*, page 81.

MAISON A ABBEVILLE

UNE PLANCHE DOUBLE

« Heureux les peuples qui n'ont point d'histoire, » a dit un philosophe. Nous ne savons si cet aphorisme doit s'étendre aux maisons ; mais en tout cas il ne peut s'appliquer à ceux qui voudraient les étudier avec fruit pour eux-mêmes et pour ceux qu'intéressent les questions de date.

Il nous a été impossible de rien trouver sur l'époque précise de la construction de cette maison d'Abbeville, qui, après avoir été sans doute un logis noble lorsqu'elle fut édifiée, n'est plus aujourd'hui qu'un assez misérable lieu de réunions joyeuses : noces ou repas.

Nous l'attribuons à l'époque de Louis XIII. D'après le style de ses ornements, nous croyons même qu'on peut la faire remonter aux premières années du règne. C'est tout ce que nous pouvons en dire.

Le fragment de façade que nous publions est pris sur la cour. A gauche il existe encore deux fenêtres à chaque étage, dont la dernière est plus étroite que les autres. A droite s'ouvre une seconde porte plus basse que celle qui est ici figurée, avec une lucarne percée au-dessous du bandeau qui sépare les deux étages. Au-dessus s'ouvre une fenêtre étroite correspondant à celle de l'autre extrémité de la façade.

La façade extérieure mérite autant d'attention que la façade intérieure.

A gauche s'ouvre une porte surmontée d'une niche flanquée de deux œils-de-bœuf et environnée d'ornements qui rappellent encore la Renaissance. La façade se compose ensuite, comme celle sur la cour, d'un rez-de-chaussée et d'un premier étage éclairés de fenêtres alternativement larges et étroites. Aux extrémités sont des œils-de-bœuf qui se font pendants.

La construction est en pierre blanche qui forme toute l'ossature de l'édifice, avec remplissages en briques.

Le vantail de la porte appartient à la construction primitive et s'harmonise à merveille avec le style des ornements sculptés au-dessus de la baie [1].

[1] Renseignements fournis par M. A. Prarond (d'Abbeville).

PLAFOND

AU

MUSÉE DE L'HOTEL DE CLUNY

ANCIENNEMENT RUE DE LA HARPE

UNE PLANCHE

Aucun document n'existe, à notre connaissance, sur le plafond de dimensions restreintes qui ornait la chambre d'une maison de chétive apparence dans la rue de La Harpe, aujourd'hui disparue du sol de Paris.

Si l'on compare ce plafond à celui du Palais de Justice, on reconnaîtra une grande analogie non-seulement entre les formes des deux encadrements intérieurs, mais encore entre les ornements qui décorent la gorge de ces encadrements. Tous deux sont en or sur fond noir.

Aussi pensons-nous que bien peu d'années doivent avoir séparé l'exécution de l'un de la confection de l'autre, et, s'il fallait pousser très-loin l'analyse des deux œuvres, nous inclinerions peut-être à donner la priorité à celle-ci.

Ce plafond est formé par un parquetage en bois assemblé dans des frises étroites, bordées par des moulures saillantes. Au centre, une moulure plus puissante, affectant la forme d'un quatre-lobes à redans, se creuse de façon que le parquet qui la remplit se trouve à un plan plus enfoncé que les autres panneaux qui l'entourent.

Le panneau central nous semble représenter le « Triomphe de la Vérité soutenue par le Temps et proclamée par la Renommée. »

Dans chacun des panneaux latéraux voltigent de petits génies semant des fleurs ; des nuages légers leur servent de fond. Chaque sujet est entouré par un large filet noir, appliqué sur le fond même, en dedans de la moulure d'encadrement. Dans chacun des écoinçons d'angle, est peint un masque de femme orné de draperies à lambrequins, couronné de fleurs, et accompagné d'ornements d'un ton gris clair, le tout peint sur le fond même du panneau.

Toutes ces peintures sont très-largement exécutées, en vue de l'effet décoratif, par un artiste fort expert et probablement fort expéditif en ce genre de besogne.

La moulure qui encadre le sujet central est peinte en rouge sur le quart de rond qui fait saillie sur le plan du parquetage, et dorée sur le filet qui touche à la gorge. Celle-ci est peinte en noir, et réchampie d'ornements en or. Les moulures qui touchent au panneau central sont dorées.

Un filet noir, avons-nous dit, borde le panneau contre la moulure.

Les frises qui encadrent les panneaux latéraux sont de la couleur du bois naturel, qui est du chêne très-noirci par le temps. Un mince filet d'or les égaye.

Les moulures qui les bordent sont dorées sur le filet saillant, et peintes en rouge sur le quart de rond. Ce rouge contraste avec le filet noir qui borde le panneau.

Entre la bordure du panneau central et le bandeau qui la contourne à une certaine distance, il existe un ornement peint, dont il est très-difficile de saisir toutes les formes aujourd'hui, et qui semble la réunion de deux lanières découpées, comme sont les cuirs d'encadrement, si fréquents à la Renaissance. Ces ornements sont faits en gris-clair et en jaune bistré sur fond noir.

Ainsi, les frises sont en bois naturel avec filets d'or ; les moulures qui les bordent sont or et rouge. La grande moulure du panneau central est rouge, or, noir réchampi d'or et or. Les cuirs simulés sont modelés l'un en gris, l'autre en jaune sur fond noir. Enfin, un filet noir circonscrit les panneaux, où les personnages sont largement peints sur un fond de nuages légers.

STALLES EN BOIS

DANS

LA CHAPELLE DE L'HOTEL-DIEU

A COMPIÈGNE

DEUX PLANCHES

Comme pour les stalles de l'église de Saint-Pierre à Toulouse, nous manquons absolument de détails sur l'époque de l'exécution de celles de l'église Saint-Nicolas, aujourd'hui dépendante de l'Hôtel-Dieu de Compiègne. Le style général est celui de l'époque de Louis XIII, mais il est impossible d'assigner une date à ces menuiseries. Nous ne serions même nullement étonné quand les pilastres corinthiens qui ornent le dossier de ces stalles appartiendraient aux premiers temps de Louis XIV.

Comparées à celles de Toulouse, les stalles de Compiègne dénotent une tout autre tradition d'art. La force et la vigueur qui se remarquent dans les sculptures des premières sont à peu près absentes de celles des secondes, d'un dessin plus maigre et moins abondant. Les profils eux-mêmes y sont moins accentués et nous n'y voyons point de ces moulures saillantes, profilées en baguette sur le revers, qui forment l'encadrement des panneaux de Toulouse et qui sont si fréquents dans la menuiserie des commencements du dix-septième siècle.

MAISONS

A POITIERS ET A LA ROCHELLE

UNE PLANCHE

Le fragment de maison à Poitiers forme la partie supérieure de la cage d'un escalier faisant saillie sur la cour d'un logis des commencements du dix-septième siècle, qui, acquis par l'Etat en 1780, appartient actuellement à la ville et dépend de la manutention militaire. La façade dont dépend ce détail forme un ensemble très-accidenté. A droite elle est percée, au rez-de-chaussée, d'une grande voûte en anse de panier qui sert d'accès sur la rue. Deux hautes fenêtres divisées en deux parties par une large traverse horizontale éclairent le premier étage, et sont séparées par un large trumeau. Une lucarne à consoles dont le mur d'appui interrompt la corniche est percée dans les combles à l'aplomb de la clef de la voûte. A gauche un petit avant-corps étroit s'avance à l'alignement de la cage de l'escalier, mais appareillé en petits matériaux et se dissimulant presque, comme honteux de sa destination, qui est de contenir les latrines, éclairées par deux ouvertures sans aucun ornement. Au delà, vers l'extrême gauche, s'allongent deux étages de hautes fenêtres, l'une au rez-de-chaussée, l'autre au premier étage, rappelant, ainsi que la lucarne qui la surmonte, les fenêtres et la lucarne correspondantes de l'autre côté de la cage de l'escalier.

Cette cage, dont on voit en partie les trois derniers étages, est percée d'une porte dans l'angle au ras du sol, puis d'une fenêtre basse ouverte au-dessus, mais dans l'autre angle. Ces deux ouvertures ne dépassent pas le cordon d'appui des fenêtres du premier étage de l'arrière-corps. Celles des trois étages supérieurs sont ouvertes suivant les nécessités de l'escalier qu'elles doivent éclairer, et ne sont point aux mêmes niveaux que celles du corps de logis en retraite, et il est logique qu'il en soit ainsi. On se souvenait encore, aux commencements du dix-septième siècle, de la pratique rationnelle et indépendante du moyen âge, et si l'on bâtissait une cage d'escalier en dehors de l'alignement général de l'édifice, ce n'était point pour y sacrifier à un amour exagéré de la symétrie en perçant, au niveau des autres ouvertures, des fenêtres que devait couper le rampant de la montée. Il n'y a que les architectes de nos jours pour se permettre de pareilles licences contre la logique, et pour élever des façades qui, uniquement réglées pour l'apparence, ne semblent point disposées pour les usages auxquels elles devraient être cependant subordonnées.

Aucun document n'a pu être trouvé sur ce logis, soit dans les archives des domaines, soit dans celles de la ville, par M. A. de Longuemar, président de la Société des antiquaires de l'Ouest, qui a bien voulu les compulser pour nous. Tout ce que l'on sait, c'est qu'il fut possédé au dernier siècle par Saint-Juire-Forien, receveur des tailles de la ville de Poitiers. Le chiffre qui amortit les lucarnes, et dans lequel nous croyons reconnaître un double C, un A et un V, pourrait peut-être aider quelque jour à trouver le nom du fondateur de cette maison, dont le style est celui des commencements du dix-septième siècle.

Il y a une grande analogie de style entre la maison de Poitiers et celle de la Rochelle, dont nous publions également une partie. Dans les deux logis les lignes de l'architecture sont simples et les ornements sévères. Il n'y a guère que les fleurons qui interrompent les frontons brisés des fenêtres du premier étage dont les épanouissements soient quelque peu exagérés et qui semblent procéder des ornements que l'on voit au-dessus des culs-de-lampe de l'arcature de l'Hôtel de Ville de la Rochelle.

Nous ferons remarquer l'appareil des voussures de l'arc qui s'ouvre au rez-de-chaussée de cette maison. La pensée n'était pas nouvelle au dix-septième siècle de donner plus de liaison aux claveaux d'un arc en emboîtant ceux-ci les uns dans les autres par des coupes sinueuses. On en possède des exemples à la façade occidentale de la cathédrale du Mans, qui est peut-être du onzième siècle, et à certaines parties des bâtiments de l'abbaye de Jumiéges, qui sont du onzième au douzième siècle.

Époque de Louis XIV

CHAIRE A PRÊCHER

DE

L'ÉGLISE SAINT-ÉTIENNE DU MONT

A PARIS

DEUX PLANCHES

L'église Saint-Étienne du Mont fut commencée vers l'année 1517, mais ce fut en l'année 1610 seulement que Marguerite de Valois, femme de Henri IV, posa la première pierre du grand portail, qui n'était point encore terminé en 1624. Ce n'est donc qu'à une époque postérieure que fut construite la chaire à prêcher dont nous publions une élévation latérale et l'élévation de face réduite à la cuve et à son support.

De plus, comme on sait que c'est le peintre Laurent de La Hire qui en fournit les plans au sculpteur Claude Lestocard qui l'exécuta, et que La Hire mourut à la fin de l'année 1656, c'est dans l'intervalle d'une trentaine d'années qui sépare ces deux dates qu'il faut placer l'exécution de cette œuvre remarquable.

Cette chaire, toute en bois de chêne, est adossée à une des colonnes de la nef que contourne l'escalier qui lui sert d'accès. Son plan est celui d'un carré dont les côtés sont réunis par des arcs de cercle. La cuve, comme on le voit, est supportée par une colossale figure de Samson agenouillé sur un lion mort et armé de sa mâchoire d'âne, ce qui n'était certes point ici une allusion maligne.

Le tore d'une puissante saillie qui sépare la cuve du culot, et qui se profile le long du rampant inférieur de l'escalier, est sculpté de feuilles de laurier imbriquées interrompues par des rosaces. La cuve s'élève en retraite, ses panneaux étant séparés par des pilastres cannelés à chapiteaux corinthiens, portant une frise ornée de triglyphes que surmonte une corniche supportée par des modillons et qui sert d'appui-main. La construction est la même pour l'escalier, dont les panneaux sont néanmoins placés moins en retraite sur le tore. Ces panneaux sont alternativement décorés d'un bas-relief encadré sous un arc et d'un médaillon ovale. En avant des pilastres de la cuve, des statues sont assises sur la saillie du tore. Ces statues, au nombre de sept, sont celles des trois vertus théologales et des quatre vertus cardinales. Elles sont placées dans l'ordre suivant en allant de gauche à droite : la Prudence, symbolisée comme d'habitude par un miroir et un serpent ; la Justice, armée d'un glaive ; la Foi, portant une croix et un cœur enflammé ; l'Espérance, s'appuyant sur une ancre ; la Tempérance, versant de l'eau sur ses genoux et prise ici dans le sens de l'abstention, tandis que dans l'iconographie du moyen âge et même de la renaissance elle est plutôt figurée comme modératrice ; la Force, solidement arc-boutée sur une colonne, et la Charité, enfin, accompagnée de deux enfants.

Les bas-reliefs cintrés représentent la légende de saint Etienne.

En suivant le même ordre et en descendant l'escalier, ces bas-reliefs représentent saint Etienne nommé diacre ; discutant avec les prêtres des gentils ; arrêté par des soldats ; exorcisant un possédé ; conduit au supplice.

Les médaillons, en suivant toujours le même ordre, représentent d'abord les quatre évangélistes, puis deux des quatre docteurs de l'Eglise, placés ainsi : sur la cuve, saint Marc, saint Jean et saint Luc ; sur l'escalier, saint Mathieu, saint Jérôme et saint Augustin habillé en évêque et tenant à la main un cœur enflammé.

Sur le panneau courbe compris entre deux consoles qui clôt l'escalier à sa partie inférieure, l'entrée étant sur le côté, contre la colonne, sont sculptées une palme et une branche de laurier traversant une couronne de fleurs.

L'abat-voix, que Piganiol de La Force trouve d'un mauvais dessin et auquel il préfère la ridicule draperie de la chaire de Saint-Roch, est cependant un peu lourd, surtout en exécution, pour la chaire qu'il recouvre, lourdeur qu'exagère l'absence de tout support visible. Il est formé par un dôme semi-sphérique portant sur une corniche saillante et supportant la figure d'un ange armé d'une trompette, debout sur un socle élevé. La corniche est tracée sur le même plan que la cuve, et s'arrondit en arc sur chacune de ses faces droites pour abriter le chiffre de saint Etienne, placé entre deux palmes, et pour porter un vase enflammé, accosté de deux petits anges.

Le dossier est orné d'un médaillon représentant le Christ en buste, appuyé sur le globe et parlant.

Toute cette menuiserie est laissée à sa couleur naturelle, et il n'y a de doré que deux têtes de séraphins placés contre la colonne sous l'abat-voix et les chutes de fleurs qui en descendent, puis la moulure qui encadre le plafond de l'abat-voix. Ce dernier est orné d'un Saint-Esprit en relief placé au milieu des nuages et de rayons d'or alternativement droits et flamboyants.

Certes, l'iconographie de cette chaire peut laisser à reprendre, et la présence de la figure de Samson ne s'explique guère; mais l'exécution de toute l'œuvre est excellente, tant dans les détails de simple ornementation que dans la statuaire, qui dénote un grand talent chez Claude Lestocard. Ce sculpteur a dû faire plus que de suivre les indications qui lui étaient fournies. Les figures des vertus, en effet, montrent une grâce et une désinvolture qui font songer à la Renaissance, et que l'on ne retrouve point dans les peintures de Laurent de La Hire.

PLAFOND

DE

L'ANCIEN HOTEL DANGEAU

PLACE ROYALE

UNE PLANCHE DOUBLE

Le salon auquel nous empruntons un fragment de la voussure de son plafond a conservé presque partout sur ses lambris les traces de son ancienne décoration. Mais tant de restaurations ont essayé d'en faire revivre l'éclat, qu'il faudrait une étude bien attentive pour distinguer l'œuvre primitive de ce qui est relativement nouveau.

La pièce, qui est rectangulaire, est éclairée de deux fenêtres sur la place Royale, et décorée de deux portes sur chacune des faces latérales. Un petit enfoncement est ménagé au milieu du mur, vis-à-vis des fenêtres. Une cheminée en marbre vert, qui a dû être refaite au commencement du dix-huitième siècle, et qui est garnie de plaques de fonte avec ornements en relief, est placée sur un des côtés, entre deux des portes. Dans les panneaux vides, un papier vert à ramages remplace sans doute les tentures ou les tapisseries de jadis.

Sur un lambris d'appui dont les panneaux sont décorés de peintures, des pilastres cannelés d'ordre composite posent dans les angles de la pièce et dans ceux de l'enfoncement. Ils supportent une corniche à modillons.

Des parties de l'ancienne décoration se retrouvent parmi les peintures du lambris d'appui; elles consistent en lyres sur les panneaux étroits et, sur les panneaux larges, en figures d'enfants posées sur les feuillages d'un fleuron symétrique et soulevant une draperie qui sert de fond.

Quant aux vases bleus, portant de grands bouquets de fleurs, qui décorent les panneaux des portes, ils sont dans le style de l'époque de Louis XVI et de fabrique récente, ainsi que les trumeaux de ces portes, qui représentent la Peinture, la Musique, la Comédie et l'Astronomie.

Mais les peintures de la corniche et de la plus grande partie du plafond qui la surmonte appartiennent à l'ancienne décoration. Toutes les parties sculptées de cette corniche sont dorées, tandis que les parties lisses sont peintes de feuillages en camaïeu bleu et rose sur fond blanc.

La voussure qui la surmonte soutient une puissante moulure sculptée, qui circonscrit deux autres moulures lisses encadrant le plafond. Elle se compose sur chaque face d'un panneau rectangulaire accompagné de deux panneaux circulaires. Des figures d'enfants soutenant des guirlandes, l'un chevauchant un aigle, le tout en relief, garnissent les angles et accostent les grands panneaux. Ces reliefs étaient peut-être dorés dans l'origine; aujourd'hui ils sont bronzés avec rehauts d'or.

Les encadrements des panneaux et des médaillons sont figurés en or, et ces derniers se détachent sur un fond d'imbrications évidées en or sur fond blanc bleu. Des vases remplis de fleurs sont figurés au-dessous des médaillons.

Quant à la décoration des grands panneaux, elle figure un vase en albâtre oriental, d'où s'échappent des guirlandes de fleurs, placé sous le plafond feint d'une espèce de lucarne ouverte sur le ciel. Mais les fleurs de cette partie nous semblent d'une facture plus molle que celles qui accompagnent les médaillons, et nous avons tout lieu de croire qu'une modification a été apportée ici à la décoration primitive.

En effet, Guillet de Saint-Georges[1] nous apprend que Ch. Le Brun décora ce plafond pour M. de Nouveau, général des postes; qu'il exécuta dans le plafond *le Soleil levant*, qui existe encore, et dans les chutes ou gorges du plafond, des bas-reliefs feints où étaient représentés le *Triomphe de Thétis*, l'*Enlèvement de Proserpine*, *Stellion changé en lézard*. Il ne dit pas ce que figurait le quatrième, car ces bas-reliefs feints ne peuvent avoir occupé une autre place que celle dont le champ est aujourd'hui rempli par ces apparences de plafonds qui rompent la ligne courbe de la voussure.

---

[1] *Mémoires inédits sur la vie et les ouvrages des membres de l'Académie royale de peinture*, etc., tome Ier, page 12.

Ces travaux de Le Brun semblent placés par Guillet de Saint-Georges entre son retour de Rome, en 1646, et son mariage, en 1647. En tout cas, ils sont contemporains d'autres peintures qu'exécutait Eustache Lesueur, mort en 1655, et qui n'existent plus, et ils sont de la jeunesse du peintre. Leur ton est plus léger et leur couleur plus claire que celle des œuvres postérieures.

Outre le sujet principal, où les tons jaunes dominent, Ch. Le Brun a peint avec beaucoup d'agrément dans les médaillons de la voussure les divinités suivantes : Vulcain et Cybèle, le Temps et Cérès, Bacchus et Vénus, Junon et Amphitrite.

Cet hôtel de la place Royale qu'habita le marquis de Dangeau, auteur d'un *Journal* de la vie de Louis XIV, qui le fit qualifier de « valet de chambre imbécile » par Voltaire, possède d'autres salles dont la décoration ne date que de la fin du dix-huitième siècle, mais qui mériteraient également d'être en partie reproduites.

DÉTAILS

DE

LA GALERIE D'APOLLON

AU PALAIS DU LOUVRE

———

SIX PLANCHES

———

Avant de décrire les différents détails de la galerie d'Apollon au Louvre, qui sont ici reproduits, il nous semble nécessaire de dire quelques mots de l'ordonnance générale de cette décoration splendide. Le Brun y montra ce dont il était capable, et préluda par ce chef-d'œuvre aux autres merveilles qu'il réalisa plus tard au palais de Versailles.

Ce fut après l'incendie qui, en 1661, dévora l'ancienne galerie construite sous Henri IV, que Ch. Le Brun fut chargé de décorer la galerie nouvelle. Il choisit pour thème la glorification d'Apollon, par allusion au roi-soleil, et demanda leur concours à la peinture et à la sculpture pour réaliser le plan qu'il avait conçu et dessiné dans tous ses détails. Les collaborateurs choisis par lui n'eurent plus qu'à exécuter la besogne qu'il leur avait tracée.

Mais Ch. Le Brun ne put terminer ce qu'il avait commencé, les caprices du roi l'ayant exclusivement occupé aux décorations du palais de Versailles à partir de l'année 1680. C'est notre époque qui a eu le mérite d'achever la galerie d'Apollon en la restaurant.

La voûte, qui est le principal de cette œuvre, forme un berceau surbaissé, terminé à chaque extrémité par une voussure. Le tout est divisé en sept travées par de larges zones qui forment des espèces d'arcs-doubleaux. Dans chacune de ces travées, des bordures d'un puissant relief, soutenues et accompagnées par des figures en ronde-bosse et des ornements de toute espèce, encadrent des peintures, qui sont au nombre de onze et dont les sujets sont ceux-ci :

Au centre, Apollon vainqueur ; à ses côtés, l'Etoile du Matin et l'Etoile du Soir, l'une précédant l'Aurore, l'autre précédant la •Nuit. Puis les quatre Saisons, dont le Soleil règle la succession, et les Mois, dont il commande les travaux, et enfin la Terre et la Mer, soumis à son empire.

Une de nos planches montre les supports du sujet central, qui, n'ayant jamais été exécuté par Ch. Le Brun, lequel n'en a même laissé aucune indication, a été si magistralement peint par Eugène Delacroix.

Chacune des travées adjacentes est occupée par trois cadres : un elliptique placé au sommet de la voûte, deux rectangulaires échancrés à leurs angles supérieurs à sa naissance.

Dans les tableaux ovales sont : l'Etoile du Matin, ou Castor, un jeune cavalier qui enlève d'un vigoureux élan son cheval pâle et le fait sortir des ténèbres; et l'Etoile du Soir, ou Vesper, vieillard lourdement endormi sur les nuages. Les quatre Saisons remplissent les cadres rectangulaires : le Printemps et l'Eté de chaque côté de Castor, l'Automne et l'Hiver de chaque côté de Vesper.

Deux des Muses, les compagnes d'Apollon, sont assises en avant de chaque composition, et des Génies de l'air, jeunes filles aux ailes de papillon, voltigent au-dessus, suspendues à la voûte.

Dans chacune des deux travées extrêmes, un tableau octogone garnit le sommet de la voûte, accompagné vers la corniche d'ornements et de supports qu'une de nos planches montre en partie.

Les supports de la composition qui représente l'Aurore sont des jeunes gens, tandis que ce sont des vieillards qui accompagnent la composition de la Nuit.

Sur les six arcs-doubleaux, les travaux des Mois sont peints en de grands camaïeux d'or, tandis que les douze signes du Zodiaque sont figurés deux à deux et en relief, comme l'indiquent deux de nos planches, à la naissance de la travée centrale et de chacune des travées extrêmes.

Restent les voussoirs des extrémités.

Sur l'un, du côté de l'Aurore, est peint le Réveil des Eaux, ou le Triomphe d'Amphitrite; sur l'autre, du côté de la Nuit, est figuré l'Assoupissement de la Terre ou le Triomphe de Cybèle. Ces compositions sont peintes sur des draperies figurées, au sommet desquelles deux grandes figures d'anges voltigent en supportant les écussons de France et de Navarre. Les figures accroupies de captifs appartenant aux quatre parties du monde s'appuient de chaque côté sur la corniche pour les accompagner.

Un dieu marin, accompagné de petits génies, est assis sur la corniche, en avant du Réveil des Eaux. A l'autre extrémité de la galerie, Calliope, la neuvième Muse, lui fait pendant, prête à emboucher sa trompette.

Telle est, dans son ensemble, l'ordonnance de ce plafond, que la plume ne peut décrire, car le burin lui-même est impuissant à le figurer.

Une corniche saillante porte toutes ces figures, soutenue par des consoles dont les intervalles sont occupés par des patères alternativement chargées d'une fleur de lis et du double L de Louis XIV.

Au-dessus sont ouvertes, d'un côté les fenêtres, de l'autre les portes vraies ou figurées correspondantes. Dans les panneaux qui les séparent, des cadres aux puissantes moulures, et surmontés de trophées, étaient destinés sans doute à contenir les portraits des rois de France, conformément à la destination de l'ancienne galerie. Aujourd'hui, on y a placé des tapisseries des Gobelins représentant les portraits des artistes français des seizième et dix-septième siècles.

Une planche donne l'élévation d'un panneau, et une autre celle d'une baie de porte avec tout ce qui l'accompagne jusqu'à la corniche.

Maintenant que nous avons sommairement indiqué quel est l'ensemble de la décoration de cette galerie, entrons dans le détail des différentes parties que nous avons figurées.

Nous avons représenté la moitié des supports du grand sujet central. La statuaire en a été exécutée par Gaspard de Marsy, l'auteur de toute celle de la moitié de la galerie qui, de ce côté, est opposée aux fenêtres.

Entre les deux termes en gaîne qui supportent la partie droite de l'encadrement, le signe du Scorpion a été placé et dramatisé pour ainsi dire au moyen de ce jeune satyre qu'il mord; ce qui, en outre, l'amplifie de façon à ce qu'il garnisse l'intervalle des gaînes. L'ornementation accompagnant le fronton courbe qui porte la partie cintrée du sujet central rappelle Bacchus ou l'Automne, le Scorpion étant le signe d'octobre, où se fait la vendange. Un satyre aux longues oreilles s'appuie sur le fronton, tenant d'une main une coupe et soutenant de l'autre des pampres en guirlande qui se rattachent à une corbeille centrale pleine de fruits, corbeille qui surmonte une tête de tigre d'où pend une draperie. En avant de cette draperie se dresse le trépied de Bacchus, ou peut-être celui d'Apollon, qu'enlace le serpent des Ménades, ou peut-être le serpent d'Esculape, car Apollon est médecin et le guérisseur des maux de l'humanité, comme E. Delacroix l'a représenté dans la composition qu'accompagnent ces sculptures.

Toutes les figures, leurs accessoires et les parties lisses de l'architecture se détachent en blanc sur l'or rouge des moulures sculptées et sur l'or vert des fonds.

Ainsi les deux termes et la draperie qu'ils relèvent sur leur tête, le signe du zodiaque, le satyre, la corne d'abondance où il pose le pied et les pampres qu'il porte, la corbeille et ses fruits, la tête de tigre, la draperie et le trépied sont blancs. Seulement les crépines qui bordent cette draperie, quelques parties du trépied et le serpent sont dorés. Dans la partie architecturale, la grosse moulure chargée de branches du laurier consacré à Apollon et la petite moulure qui la bordent sont en or plein. Le tore de feuilles de laurier qui porte sur la tête des termes est blanc au contraire, tandis que les bandelettes qui relient les feuilles et les fruits qui apparaissent de place en place sont dorés.

De même, sur la moulure qui porte le fronton courbe où s'appuie le satyre, et sur ce fronton lui-même, les feuilles entablées, grandes et petites, et les oves, sont dorés et séparés par des parties lisses qui sont blanches, cette alternance de l'or et du blanc ayant été partout recherchée avec soin.

Le fond quadrillé en avant duquel est placé le satyre est en or vert et figure des fleurs de lis alternant avec des rosaces.

La seule partie en couleur qui soit en toute cette ornementation est le fond bleu de la tablette d'or où est inscrit le mot SCORPIO.

Le même parti général s'observe dans la décoration des autres travées. Nous donnons un ensemble et un détail de celle où est contenu le tableau de l'Aurore. Ce tableau, qui est octogone, étant inscrit dans un rectangle terminé par des parties courbes à ses extrémités, laisse vides des parties que remplissent des ornements variés. Dans les angles, ce sont les attributs du soleil accompagnés de cornes d'abondance; puis, dans les parties courbes, un cartel encadrant une table figurée de marbre brun veiné de roux. Deux consoles supportent la partie droite de l'encadrement, posées sur un panneau. Entre elles un cadre ovale est suspendu, où le mot LEO est inscrit. Au-dessus le lion et un enfant sont sculptés en relief.

La partie courbe est accostée par des jeunes gens soutenant des guirlandes de lierre et d'érable, assis sur des frontons courbes à peu près du même dessin qu'à la travée centrale. Un masque, accompagné de carquois et surmontant une console, ornement dont nous donnons le dessin sur une grande échelle, en occupe le centre. La sculpture de cette partie est de F. Girardon.

Ce que nous avons dit plus haut de l'alternance dans toute la décoration des blancs sur les parties lisses, et des ors sur les parties sculptées, s'appliquant ici, nous n'avons point à y revenir autrement que pour indiquer que les consoles, par exemple, sont blanches, nervées et feuillées en or. Il nous suffira de dire que le fond quadrillé sur lequel se détachent le soleil et le cartel, dans l'encadrement central, est en or vert et figure des pointes de diamant.

Le champ du fronton circulaire, où court un rinceau blanc, est également en or vert, figurant une mosaïque à éléments triangulaires. Enfin le pilastre, où le cartel du zodiaque est suspendu à des rubans d'or rouge, figure une riche mosaïque d'or également rouge, mais d'un ton adouci.

Pour rompre la monotonie de tous ces dessins blanc et or qui accompagnent les grands sujets, la peinture a semé des tons plus variés sur les six bandeaux qui, d'une corniche à l'autre et formant comme autant d'arcs-doubleaux, séparent le plafond en travées. De ces arcs nous ne voyons dans nos planches que des aigles peints en or et des chutes de fleurs naturelles exécutées par B. Monnoyer. Au-dessus sont les travaux des Mois, exécutés par Jacques Gervais en camaïeu d'or sur fond bleu dans des cadres circulaires. Au sommet de l'arc, des grotesques égayent la voûte de leurs couleurs diverses.

Arrivons maintenant aux portes et aux lambris.

Il y a au centre de la galerie cinq grandes baies, que garnissent des fausses portes dans toute leur hauteur. Puis, de chaque côté, quatre autres baies semblables, huit en tout. Des portes sculptées s'y ouvrent, abritées par des frontons alternativement triangulaires et courbes, surmontés par des vases.

Les intervalles des fenêtres et des baies percées vis-à-vis sont garnis de cadres surmontés de trophées, au-dessus de panneaux que protége un bandeau saillant porté par deux consoles. Un lambris d'appui règne au-dessous.

Suivant le système général adopté pour la voûte, la corniche qui surmonte les lambris n'est dorée que sur ses parties sculptées, et est blanche partout ailleurs. Il en est de même de l'ornementation des lambris. Seulement le blanc, celui des trophées excepté, y est tempéré par un ton général gris rosé qui s'accorde avec le marbre jaune et rouge qui est figuré le long du chambranle des portes.

Le cadre des tapisseries et tout ce qui s'y rattache est posé sur un fond d'or quadrillé, entouré de la bande de marbre que nous venons d'indiquer.

Les pentes de feuilles de laurier qui descendent au-dessous des consoles et les postes qui courent sur le socle du lambris sont simplement figurées.

Quant aux lambris d'appui, ils sont décorés de camaïeux en or vert, en blanc rosé et en bronze sur fond d'or.

Les portes sont consacrées aux neuf Muses [1].

Celle que nous publions a reçu les attributs de Polymnie.

Le chambranle est orné de fleurs de lis en relief, encadrées dans une double guirlande, sculptures qui se détachent en or sur fond blanc.

Une bande de marbre jaune veiné de rouge et de brun est figurée contre ce chambranle et encadre le chambranle de la vraie porte et ce qui le couronne. Toute cette ornementation est blanc rosé et or : le vase qui surmonte le fronton, et que nous donnons en détail, étant presque entièrement doré, sauf les médaillons qui le décorent ; il est placé en avant d'un ovale diapré de fleurs de lis et de rosettes en or alternées. Cet ovale est accompagné de deux panneaux échancrés peints en camaïeux roses et bleus sur fond d'or.

Les armes de France, le chiffre du roi, les couronnes et les attributs, etc., de la porte sont sculptés en relief et dorés. Il n'y a que les soleils, accompagnés de branches de laurier et de banderoles qui décorent les panneaux inférieurs, qui soient peints en camaïeux d'or vert et rouge.

Pour compléter cette description, nous n'avons plus qu'à indiquer que les cinq baies des fausses portes sont décorées, sur fonds diaprés d'or, de camaïeux qui représentent les armes de France, ainsi que les attributs de l'Agriculture, de l'Industrie, de la Guerre, de la Navigation et des Arts, et que les ébrasements de ces baies, ainsi que ceux des fenêtres, sont également décorés de grotesques en camaïeu qu'avaient exécutés les frères Lemoine.

Tout ce magnifique ensemble a été restauré, comme on le sait, sous la direction de M. Félix Duban, qui a montré une fois de plus que le respect pour l'œuvre des devanciers n'exclut ni l'invention ni le talent.

---

[1] Il n'y a que huit portes qui soient opposées aux fenêtres ; mais il s'en trouve une neuvième du côté de celles-ci, à l'extrémité de la galerie, contre la rotonde.

SALON DE DIANE

AU

PALAIS DE VERSAILLES

———

TROIS PLANCHES

Ce fut à partir de l'année 1675 que Louis XIV commença les grands travaux qui transformèrent le modeste rendez-vous de chasse que son père avait bâti vers l'année 1624 et en firent le palais de Versailles qu'il vint habiter en 1682. Les architectes Levau et Dorbay eurent au commencement la conduite de l'entreprise, qui fut menée à bonne fin par Jules Hardouin Mansart.

Les grands appartements, dont dépend le salon de Diane, furent achevés pendant cette période.

La décoration des murs de ce salon est toute en marbre, en bronze et en bois sculpté et doré, avec un plafond à voussures décoré, par Blanchard, de peintures qui représentent *Diane présidant à la navigation et à la chasse.*

Les marbres employés pour le revêtement des murs sont pour la plupart du Languedoc, espèces de brèches de couleurs mélangées, qui ont pour caractère commun d'être veinées de blanc, ce qui établit une certaine harmonie entre elles.

La muraille qui fait face aux fenêtres, et que nous reproduisons en grande partie, est décorée à son centre du buste de Louis XIV que le Bernin sculpta en marbre blanc, lors de son voyage en France, en 1665.

Ce buste est posé sur un socle en marbre veiné de rose et de rouge, accompagné de trophées en bronze doré posés sur un fond blanc légèrement veiné de noir, qui sert d'encadrement au panneau de marbre rouge et jaune qui est placé derrière le buste. Sur la moulure arrondie en arc qui surmonte cet ensemble sont posés deux petits génies en bronze doré qui soutiennent une couronne au-dessus du buste, et se détachent sur un revêtement de marbre cipolin vert stratifié de blanc.

L'encadrement de ce panneau central ainsi que les chambranles des portes sont en marbre rouge veiné de blanc. Les pilastres qui garnissent l'intervalle sont en marbre blanc incrusté de marbre rouge veiné, encadré par des moulures saillantes en cipolin.

Les portes sont en bois sculpté du chiffre et des emblèmes de Louis XIV, de la croix du Saint-Esprit et de divers attributs. Les sculptures se détachent en or sur un fond blanc. Les armes et les trophées qui surmontent les portes sont dorés et se détachent sur un fond de marbre vert figuré, encadré de blanc.

La corniche à cannelures est toute dorée.

Le côté de la cheminée reproduit les mêmes dispositions générales que le précédent; néanmoins des peintures en camaïeux d'or remplacent les armoiries dans les trumeaux des dessus de portes. Celle que nous reproduisons dans notre ensemble représente une *Offrande de fleurs à Diane*.

La cheminée est en marbre rouge et blanc, incrusté sur le linteau d'un basrelief de Sarrazin en marbre blanc, représentant *la Fuite en Égypte*.

L'encadrement du tableau est en marbre vert et blanc avec quelques parties rouges, entouré de guirlandes et de chutes de feuilles en bronze doré. Un portrait de Marie-Thérèse, attribué à Beaubrun, remplace dans le trumeau un tableau de Blanchard qui représentait *Diane et Endymion*.

Le revêtement de l'embrasure de la fenêtre que l'on voit à droite est en marbres rouges, verts et noirs veinés, que séparent des bandeaux de marbre blanc.

La sévérité des tons du marbre, la puissante saillie des moulures dont une de nos planches indique les profils, contrastant avec les détails plus fins et la couleur plus chaude des sculptures des portes et des trumeaux, le tout couronné par un plafond d'une ornementation sobre, impriment à cette pièce un cachet de grandeur solennelle et de richesse souveraine. Qu'était-ce jadis, lorsque quatre lustres d'argent pendaient du plafond, accompagnant quatre

grands candélabres et quatre girandoles de même matière placées sur des guéridons dorés, et quatre caisses d'orangers de 3 pieds de haut et de 2 pieds
de diamètre, également d'argent; lorsque le billard, recouvert d'un tapis cramoisi, balayait le sol avec ses crépines d'or qui répondaient aux « formes »
garnies de même où les dames venaient s'asseoir pour assister au jeu du roi [1]?

[1] Indications du *Mercure de France* de 1682, reproduites par M. Eudore Soulié dans sa
Notice du Musée de Versailles, tome II, pages 134 et 135.

VOUTE DU SALON D'APOLLON

AU

PALAIS DE VERSAILLES

UNE PLANCHE

Le salon d'Apollon, qui était destiné d'abord à être la chambre à coucher du roi, devint ensuite la salle du Trône. La tapisserie était d'un velours cramoisi enrichi d'un gros galon d'or. La table, les guéridons, la garniture de la cheminée et le lustre y étaient d'argent. Sur une estrade couverte par un tapis de Perse à fond d'or, s'élevait un trône d'argent de 8 pieds de haut, soutenu par des enfants portant des corbeilles de fleurs, et couronné par la figure d'Apollon accompagnée de la Force et de la Justice. Des scabellons d'argent, des torchères de 8 pieds de haut et quatre girandoles sur des guéridons de 6 pieds de haut, le tout en argent, complétaient la décoration de cette pièce [1].

Le plafond est formé d'une partie centrale circulaire, appuyée sur les encadrements de quatre grands cartouches de forme oblongue et irrégulière, qui épousent la courbe de la voussure et portent sur la corniche. Huit génies, qui semblent soutenir la bordure centrale et poser sur les encadrements des voussures, des masques et des guirlandes pendantes, décorent ce plafond, en outre des feuilles entablées, des oves et des imbrications de feuilles de laurier qui chargent les moulures.

Lafosse a peint avec un grand charme les sujets qui remplissent les cadres

---

[1] Indications du *Mercure de France* de 1682, reproduites par M. Eudore Soulié dans sa *Notice du Musée de Versailles*, tome II, page 149.

disposés par l'architecte. Au centre, c'est *Apollon sur son char, accompagné par les Saisons*. Dans le cartouche que nous reproduisons presque entier, c'est *Vespasien faisant construire le Colisée*. Aux angles, dans l'intervalle compris entre deux cartouches adjacents, les quatre parties du monde sont figurées entourées de draperies feintes, relevées en arrière des encadrements dorés qui forment les divisions de ce plafond.

SALON DE LA GUERRE

AU

PALAIS DE VERSAILLES

DEUX PLANCHES

Jusqu'ici nous étions dans les appartements d'un roi ; maintenant nous sommes dans la demeure d'un demi-dieu. Le salon de la Guerre, la grande galerie à laquelle il sert de vestibule et le salon de la Paix qui lui correspond à l'autre extrémité de la galerie, n'ont plus rien d'humain pour ainsi dire et sont les pièces d'apparat d'un palais où tout était sacrifié à la pompe.

Comme au salon de Diane, le marbre, le stuc et le bronze décorent seuls les murs, mais dans de bien autres proportions et avec bien plus de richesse et de variété dans l'emploi de ces éléments divers.

Entre la porte de communication avec le salon d'Apollon et une fausse porte correspondante, Coysevox a représenté le roi à cheval, costumé à l'antique, dans un grand bas-relief ovale de stuc encadré par une moulure saillante de marbre rouge veiné de blanc. Deux Renommées en stuc doré se penchent au sommet de l'ovale pour offrir au roi une palme et une couronne de laurier. A sa partie inférieure, le cadre porte sur une tête d'Hercule placée entre deux volutes, qui surmontent une fausse cheminée que remplit un bas-relief représentant la Victoire qui écrit sur un bouclier. Sur les volutes sont assis deux captifs liés avec des guirlandes de fleurs. Ces captifs, la tête d'Hercule, le bas-relief et les guirlandes sont en stuc imitant le bronze antique.

Les deux volutes sont en marbre vert foncé, veiné de rouge, et l'encadrement du bas-relief de la Victoire en marbre vert plus pâle, veiné de rouge et de blanc. Le soubassement est en marbre blanc veiné de noir, avec socle et corniche en marbre jaune et panneau en marbre vert veiné de blanc et de rouge.

Les portes, à sculptures dorées sur fond blanc, sont entourées de chambranles en marbre vert et rouge, et surmontées de trumeaux en marbre cipolin encadré par une moulure blanche et portant le double L du roi entourée de branches de laurier et de palmes, le tout en bronze doré.

Des griffes de lion et des guirlandes de fleurs, qui partent d'un masque dont nous publions le détail, le tout en bronze doré, encadrent ce panneau. Des trophées en stuc doré surmontent un bandeau en marbre rouge, qui s'arrondit pour contourner l'ovale du bas-relief central en passant derrière les Renommées.

Le fond de ces revêtements est en marbre blanc à longues veines noires, sur lequel des moulures d'une couleur plus foncée forment des compartiments que remplissent des plaques de marbre des variétés que nous avons déjà indiquées.

La corniche qui surmonte tout cet ensemble est dorée et soutenue par des consoles blanc et or, dont les intervalles sont ornés de casques, de boucliers, de foudres, etc., en relief et dorés. Au-dessus se creuse une voûte en coupole surbaissée, peinte par Ch. Le Brun vers l'année 1679 et représentant *la France victorieuse*.

Chaque angle est orné d'un globe aux armes de France, placé entre des trophées en relief de stuc doré, et surmonté d'enfants qui sonnent de la trompette en soutenant un cartouche avec la devise de Louis XIV : *Nec pluribus impar*.

PORTE EN BOIS SCULPTÉ

AU

PALAIS DE VERSAILLES

UNE PLANCHE

Cette porte magnifique ouvre sur le salon de Mars, mais est tournée vers les petits appartements qui ont été décorés sous Louis XV. Son ornementation sculptée diffère en quelques détails seulement de celle des autres portes des grands appartements, comme le montrent les planches du salon de Diane et du salon de la Guerre.

La lyre d'Apollon, la face glorieuse du soleil, la croix de l'ordre du Saint-Esprit, la fleur de lis et le chiffre du roi, le sceptre, la main de justice et la couronne, confondus au milieu d'encadrements, de cartouches, de guirlandes, d'enroulements, de casques, de trophées, de branches de laurier et de cornes d'abondance, forment les motifs principaux de leur riche et délicate décoration. Rapprochées des détails plus vigoureux et plus amples des revêtements de marbre, de bronze ou de stuc qui couvrent les murs, ces sculptures les font valoir par contraste tout en soutenant le poids de leur écrasante magnificence.

Comme d'habitude, toutes les moulures et toutes les parties sculptées se relèvent en or sur un fond blanc plus ou moins nuancé de gris rose.

FONTAINE EN PLOMB

DANS LES

JARDINS DU PALAIS DE VERSAILLES

UNE PLANCHE

Cette fontaine, qui porte le nom de « Fontaine de la Pyramide, » est entièrement en plomb, et ses figures ont été exécutées par Girardon. « Elle est ainsi
nommée, dit Félibien, à cause de sa figure, car le haut est un gros vase qui sort
d'un bassin soutenu par quatre écrevisses qui servent de consoles posées dans
un autre bassin plus large porté par quatre dauphins : ces quatre dauphins
ont la tête sur les bords d'un autre bassin que tiennent quatre jeunes tritons
qui ont une double queue et qui posent dans un autre bassin encore plus
grand, soutenu par quatre consoles en forme de pied de lion, et par quatre
grands tritons qui semblent nager dans le grand bassin [1]. »

Nous n'avons rien à ajouter à cette description, si ce n'est que les bassins
sont circulaires, et qu'à la rigueur ce n'est point une pyramide, mais un cône,
que forme leur ensemble.

[1] Eudore Soulié, *Notice du Musée impérial de Versailles*, tome III, page 503.

VASES EN PLOMB DU BASSIN DE NEPTUNE

DANS LES

JARDINS DU PALAIS DE VERSAILLES

UNE PLANCHE

Les deux vases placés sur la tablette du bassin de Neptune sont, dit Piganiol dans sa *Description de Versailles*, des plus habiles sculpteurs du roi. C'est donc parmi les noms de ceux qui décorèrent de vases de même sorte les tablettes des autres pièces d'eau des jardins de Versailles qu'il faut chercher les auteurs de ceux-ci. Ballin surtout et F. Anguier ont exécuté les modèles de ceux fondus en bronze qui décorent les tablettes des bassins du parterre devant le château, et peut-être faut-il attribuer à ces deux artistes experts en ces sortes d'ouvrages les vases du bassin de Neptune, tandis que c'était à d'autres que la statuaire était réservée.

Le plateau, en forme de coquille, sur lequel est posé le vase de droite, est destiné à recevoir les eaux qui tombent de la bouche du masque feuillu qui décore la panse de celui-ci, et à la laisser retomber en nappe distribuée suivant les canaux qui accidentent son bord.

Il nous est impossible, en considérant ces vases qui décorent les jardins de Versailles, de ne point songer que nous avons là peut-être les répliques en plomb des magnifiques argenteries qui remplissaient les salons des grands appartements, et qu'avaient ciselées les orfèvres des Gobelins.

GRILLE

DU

CHATEAU DE MARLY

UNE PLANCHE

Cette grille, qui provient de l'ancien château de Marly et qui ferme aujour-
d'hui l'entrée d'une maison de la rue Saint-Antoine à Versailles, est fabriquée
d'après les anciens us de la ferronnerie du moyen âge. Ses éléments, formés de
tiges plates en fer qui partent d'un point central où elles ont été soudées, sont
reliés entre eux par de petites bandelettes en fer, et rattachés par le même
mode à l'ossature qui en forme un tout solide.

Quelques feuilles en tôle découpée et modelée au marteau sont appliquées sur
la jonction des tiges qui s'épanouissent ensuite en volutes variées; parmi ces tiges
plates, quelques autres, qui sont rondes et qui affectent sur une partie de leur
longueur l'apparence de chapelets de perles, s'ajoutent au réseau primitif pour
en varier l'aspect et en accidenter le tissu. A ces ornements, qui font saillie sur
le plan de l'œuvre, s'ajoutent encore les petites brides en fer plat qui réunissent tous les éléments entre eux. De telle sorte qu'à l'effet des méandres
de fer, qui se dessinent en couleur sombre sur le fond du paysage ou du ciel,
vient se joindre le jeu des ombres portées sur les éléments qui les composent
pour animer encore leur dessin et lui donner plus d'accent.

Époque de Louis XV

CHAMBRE A COUCHER DE LA REINE

AU

PALAIS DE VERSAILLES

QUATRE PLANCHES

« La mort de deux reines et de deux dauphines, la naissance de dix-neuf princes et princesses du sang, la catastrophe du 6 octobre 1789, qui força Louis XVI et Marie-Antoinette d'abandonner la résidence de Versailles, tels sont les souvenirs historiques de cette chambre qui, pendant plus d'un siècle, a vu les plus grandes joies et les suprêmes douleurs de l'ancienne monarchie[1]. »

Ces joies et ces douleurs n'eurent point toutes pour témoins la voûte et les lambris splendides que montrent nos gravures. Les décorations qui existaient du temps de Louis XIV furent complétement transformées sous Louis XV, vers l'année 1734; cependant, les sphinx appuyés sur les armes de France et de Navarre, les génies et l'aigle à deux têtes posée sur un trépied, qui, au milieu de trophées, décorent les angles de la voussure du plafond, appartiennent à la construction primitive. L'aigle éployée d'Autriche était là par allusion à Marie-Thérèse, femme de Louis XIV : elle y est restée sous Marie Leczinska, se trans-

---

[1] Eudore Soulié, *Notice du Musée impérial de Versailles*, tome II, pages 168 à 170.

formant, sans doute, en aigle de Pologne pour reprendre sa vraie signification héraldique, lorsque Marie-Antoinette vint, en 1770, prendre possession de cette chambre, d'où elle fut chassée par la révolution.

A l'exception de ces angles, et peut-être des grosses moulures d'encadrement, tout fut transformé dans le plafond. En place des peintures qui remplissaient les longs panneaux des voussures, l'on plaça deux Amours en relief assis au milieu des palmes, et soutenant un cartouche ovale à bordure chantournée, où le style rocaille commence à paraître. Des camaïeux peints en gris rose par François Boucher remplissent ces cartouches, et représentent la Charité, l'Abondance, la Fidélité et la Prudence, d'une façon si charmante qu'on a peine à reconnaître des vertus dans ces jeunes femmes avenantes accompagnées d'enfants nus. Le quadrillé décoré de rosaces alternant avec des fleurs de lis qui sert de fond aux cartouches est en or sur fond gris rosé s'harmonisant avec le ton des camaïeux de François Boucher.

Le plafond, qui dans l'ordonnance primitive était rempli par un tableau, est aujourd'hui occupé en son milieu par un cadre octogone allongé rempli par « une mosaïque tournante garnie de roses fleuronnées, » qui figure la perspective d'une coupole. Le champ compris entre le cadre octogone central et celui qui limite la voussure est décoré, dans les angles, du double L des Louis, accompagné de feuillages et de baguettes; le tout figuré en camaïeu d'or.

Les boiseries des lambris, dont les sculptures, d'une merveilleuse exécution, se relèvent en or sur fond blanc, nous semblent datées par les peintures de Natoire et de Detroy, qui, portant toutes deux le millésime de 1734, remplissent les trumeaux des deux portes. Bien que le contourné fasse déjà irruption dans le dessin des encadrements, on ne peut méconnaître que les masses et les lignes principales présentent quelque chose de robuste et de balancé qui rappelle encore le grand style de Louis XIV. Aussi faudrait-il, ce nous semble, retarder quelque peu l'époque de l'introduction du style rocaille, que l'on fait en général remonter trop facilement au temps de la régence.

SALON DES MÉDAILLES

PALAIS DE VERSAILLES

SIX PLANCHES

C'est vers 1736 que Louis XV fit transformer, dans ce qui porte le nom de petits appartements du roi, la partie qu'habitait jadis Mme de Montespan, et que Louis XIV avait déjà transformée lui-même à la fin de l'année 1684. En place des deux salons précédant et suivant une galerie dont P. Mignard avait peint les plafonds, on fit un appartement pour Madame Adélaïde, fille de Louis XV.

Nous avons peu à dire sur les décorations que Dugoulon et Verbreck sculptèrent dans le bois, et qui furent dorées ensuite pour décorer les lambris de la pièce magnifique que nous publions dans son ensemble et dans ses détails.

Comme nous le disions plus haut à propos de la chambre de la reine, ces sculptures, qui ne sont point antérieures à l'année 1736 et qui furent exécutées, par conséquent, plus de treize ans après la fin de la régence, appartiennent encore au style dont Bérain fut le parrain.

Bien qu'on y voie déjà un peu de maigreur, les lignes sont fermes, et les profils encore accentués. Il faut, nous le répétons, rajeunir le style rocaille, et le reporter à la seconde moitié du règne de Louis XV.

SALONS

DU

CHATEAU DE RAMBOUILLET

SIX PLANCHES, DONT UNE DOUBLE

Les boiseries qui décorent les salons de ce qui reste du château de Rambouillet doivent être contemporaines de celles qui revêtent les murs du cabinet des Médailles à Versailles.

Elles passent pour avoir été exécutées du vivant du comte de Toulouse, qui, ayant acquis le domaine de Rambouillet en 1708; ajouta de nouvelles constructions aux tours féodales de l'ancien château. A sa mort, en 1737, le duc de Penthièvre, son successeur, n'avait que douze ans, et ce n'est guère l'âge où l'on songe à bâtir[1].

Mais sa mère, Marie-Sophie-Victoire de Noailles, continua d'habiter Rambouillet, qui était la résidence ordinaire du comte de Toulouse, son époux, et il n'y aurait rien d'étonnant à ce qu'elle eût fait exécuter ces boiseries au commencement de son veuvage. En effet, son chiffre, composé d'un M, d'un V et d'un S double, interrompt les pilastres du petit salon ovale, celui que nous publions dans tous ses détails. Ce même chiffre se retrouve sculpté en fleurs sur les boiseries du grand salon, auquel nous avons emprunté la voussure de l'une de ses fenêtres.

Le style des boiseries qui nous occupent nous semble moins simple que celui du cabinet des Médailles; les lignes en sont également moins sobres et les moulures moins robustes. Remarquons de plus que c'est à peine si une moulure tenant lieu de corniche termine les boiseries par le haut, la voussure naissant immédiatement pour se relier par une transition insensible avec le plafond. Quant à faire remonter ces ornements aux environs de l'année 1723, où le comte de Toulouse épousa Marie-Sophie-Victoire de Noailles, il ne nous semble pas qu'on y puisse songer.

Le plan, la vue perspective et les deux élévations du salon ovale que contiennent nos gravures suffisent à donner une idée de la décoration de cette pièce. La cheminée est en brèche rouge et blanche. Toutes les sculptures, exécutées avec une grande perfection, sont aujourd'hui de la couleur du bois naturel : jadis elles étaient dorées sur fond blanc. Empâtées d'épaisses couches de peintures grises qu'on leur avait successivement infligées, ce n'est que depuis quelques années qu'elles en ont été débarrassées.

Les ornements de la voussure représentent les quatre éléments. Le Feu, au-dessus de la cheminée. L'Air et l'Eau sont naturellement au-dessus des deux fenêtres. Quant à la Terre, elle surmonte la porte de communication de ce salon avec les autres pièces du château. Des animaux symbolisant les quatre parties du monde garnissent les cartouches d'angle, et les douze signes du zodiaque sont distribués dans l'intervalle au milieu des ornements.

Le salon, dont nous publions une porte et un panneau, montrerait peut-être un style un peu plus ancien, mais en tout cas plus ferme que le salon ovale. C'est d'abord la saillie des moulures du chambranle de la porte et de l'encadrement de ses panneaux; puis le couronnement du linteau, qui, suivant une pratique constante sous Louis XIV, se rétrécit pour se relier aux décorations du trumeau, étant accosté à droite et à gauche par deux consoles renversées; enfin, c'est la corniche qui présente une notable saillie et limite nettement la boiserie.

Tout l'attirail champêtre des attributs de la chasse, de la pêche, du jardinage, pend en trophées sur les panneaux; et quatre tableaux de Desportes, représentant ces réunions de choses assez disparates qui symbolisent les arts, les sciences, la chasse, etc., garnissent les trumeaux des dessus de porte.

Nous ne publions qu'une voussure de la fenêtre du grand salon. Jupiter et Alcmène sont représentés dans le médaillon qui en forme le motif principal.

C'est dans ce salon que les initiales de Mme la comtesse de Toulouse sont sculptées en chiffres de fleurs.

Comme dans les salons précédents, les panneaux ont été débarrassés des couches de peinture qui en empâtaient les détails et sont de la couleur du chêne vieilli.

APPARTEMENTS

DE

L'HOTEL DE SOUBISE

SEPT PLANCHES, DONT TROIS DOUBLES

L'Hôtel de Soubise, qui dépend aujourd'hui du palais des archives de France, fut bâti sur l'emplacement de l'ancien Hôtel de Clisson, pour François de Rohan, par M. de la Maire, qui commença les travaux en 1706. L'architecture sévère de la façade, ainsi que celle de la terrasse, supportée par des colonnes accouplées, qui entoure la cour, appartiennent encore au siècle de Louis XIV.

Bien que M. de la Maire ait vécu jusqu'en 1745, ce n'est pas lui qui fut chargé de diriger les décorations de l'intérieur, qui furent confiées, de 1735 à 1740, à Germain Boffrand. Cet architecte, qui était en même temps inspecteur général des ponts et chaussées, joua un grand rôle dans l'histoire de l'architecture au dix-huitième siècle. Il paraît avoir été l'un des plus puissants promoteurs du goût nouveau qui, vers le second tiers du siècle, se substitua à celui qui était né des compositions de Bérain. Il semble avoir créé ce qu'on appelle le *style rocaille*.

Nous donnons le plan de ce qui reste de pièces ornées au premier étage de l'Hôtel de Soubise : pièces restaurées avec soin et qui, dépendant du musée établi dans cette partie du palais par M. le marquis L. de La Borde, directeur général des Archives, renferment les manuscrits les plus précieux que possède le dépôt parmi les documents qui concernent les deux derniers siècles de notre histoire.

Un salon d'attente conduit dans la chambre de parade de Mme de Rohan, et de là dans un salon ovale qui est une merveille de grâce maniérée.

Une autre chambre, s'ouvrant en retour d'équerre, communique par une porte dissimulée avec la chambre de parade. Une dernière chambre joint à celle-ci. En arrière sont les dépendances et les escaliers qui faisaient communiquer cet appartement avec celui de M. de Rohan, situé au rez-de-chaussée.

La salle d'attente pourrait être appelée *la salle des quatre parties du monde*, d'après les motifs qui garnissent les quatre angles de la voussure de son plafond. Elle ne possède d'ornements que dans cette voussure, et au-dessus des portes pour encadrer deux trumeaux : l'un de François Boucher, l'autre de Carle Vanloo. Les murs sont couverts par une tenture en papier vert.

La chambre de parade est revêtue de boiseries sculptées sur ses murs, excepté dans la ruelle, qui, close par une balustrade basse, est tendue en damas de soie rouge, fabriqué exprès à Lyon, d'après les indications des gravures publiées, par G. Boffrand lui-même, dans le *Livre d'architecture*.

Vis-à-vis s'ouvrent trois fenêtres dont les intervalles sont remplis par des glaces. Les portes, percées dans les murs latéraux, sont voisines des fenêtres.

Nous publions un ensemble du lambris de gauche en entrant, montrant le panneau central, que garnit une glace surmontée du chiffre des Rohan ; le panneau latéral de gauche, qui est symétriquement répété du côté opposé, et l'un des montants de la porte d'entrée.

La voussure qui surmonte cet ensemble, et qui est presque plate, est supposée redressée, surtout dans son motif principal, afin qu'on en saisisse mieux les détails qu'on ne pourrait le faire si elle était dessinée en raccourci, comme il faudrait qu'elle le fût dans une élévation géométrale.

Toutes les sculptures des boiseries et de la voussure sont dorées à l'or moulu et se détachent sur un fond blanc.

Les attributs du cartouche central de la voussure et des sujets des angles sont en or rouge sur un fond d'or vert ; mais les grandes figures qui surmontent les premiers sont peintes en blanc.

Les bas-reliefs distribués dans cette décoration sont destinés à célébrer l'influence de Vénus, sujets fort bien appropriés, du reste, à une chambre à coucher.

Dans les grands médaillons des lambris, et dans ceux d'angle, sur la voussure, c'est le maître des Dieux qui lui-même est en cause. Dans les groupes qui surmontent les médaillons qui coupent chaque voussure en son milieu, ici c'est Vénus elle-même caressant le beau chasseur Adonis. Là, au-dessus du lit, c'est la chaste Diane regardant Endymion endormi ; vis-à-vis, au-dessus des fenêtres, sont Bacchus et Ariane, que rappellent des attributs bacchiques sculptés en trophées au-dessus des deux glaces garnissant l'intervalle des fenêtres. Il n'y a que Minerve la revêche qui soit épargnée, et encore est-elle associée à Mercure au-dessus de la glace qui surmontait la cheminée aujourd'hui disparue.

Les petits montants en forme de pilastres qui bordent les grands panneaux, sont interrompus par des médaillons qui encadrent des figures d'Amours, ici tenant la foudre, là appuyés sur l'urne d'une fontaine, sur une corbeille de fleurs, sur une cage, etc.[1].

Les deux trumeaux des portes ont été peints, l'un par Boucher, l'autre par Trémolière, en 1737.

Celui de Boucher, qui est excellent, représente les trois Grâces. Celui de Trémolière, qui ne lui cède guère, mais qui est beaucoup plus moral, montre Minerve enseignant la tapisserie à une jeune fille.

L'élévation, développée sur une surface plane, de trois travées du salon ovale, que montre une de nos planches, nous dispense presque de louer et de décrire cette merveilleuse décoration. Il nous faut insister cependant sur l'harmonieuse proportion de tout l'ensemble et sur l'adresse qu'a montrée G. Boffrand pour relier les lambris et les peintures planes qui les surmontent avec la voussure qui les enveloppe, et pour passer par une transition à peine sensible de la verticale des murs à l'horizontale du plafond; plafond qui n'est lui-même, pour ainsi dire, qu'un prolongement et que le couronnement de la voussure, ainsi que le montre la planche où il est représenté dans son ensemble.

Notre élévation développe trois travées du salon ovale, qui en a huit, de sorte que la porte, qui est à droite, et la cheminée, qui est à gauche, se trouvent en réalité dans l'axe des deux diamètres de l'ellipse sur laquelle la pièce est élevée, comme on peut le voir sur le plan.

A droite de la cheminée, il y a une seconde glace semblable à celle de gauche. Les quatre autres travées sont percées de fenêtres.

Comme dans la chambre de parade et dans toutes les boiseries de l'époque,

[1] Dans la gravure du *Livre d'Architecture* de Boffrand, ces montants sont un peu différents, les médaillons étant remplacés par des coquilles.

les sculptures des lambris se détachent en or moulu sur fond blanc. Les grands enfants eux-mêmes, assis sur la moulure des panneaux, au-dessous des peintures, sont entièrement dorés. Les peintures, qui reproduisent douze épisodes de l'histoire si connue de Psyché, dont l'ordre nous semble quelque peu interverti, ont été exécutées par Charles Natoire, de 1737 à 1739, et peuvent passer pour les chefs-d'œuvre de ce peintre aimable. Leurs tons clairs et roses, leurs formes coulantes et gracieuses s'harmonisent à merveille avec les lignes tourmentées de la sculpture des ornements, ainsi qu'avec les blancs, les ors et les quelques couleurs discrètes qui leur servent de fond.

Ainsi, la voussure contournée qui encadre les peintures est peinte en gris rose, sur lequel les sculptures s'enlèvent en or de deux couleurs.

Toute la rocaille est en or rouge, ainsi que les attributs des Arts, des Sciences, de la Musique et du Commerce, qui, deux fois répétés, chargent les médaillons descendant entre les tableaux de Natoire. Le fond de ces médaillons est en or vert, ainsi que les dragons enchevêtrés parmi les caprices de la voussure.

Les grands enfants ailés, assis sur la moulure contournée qui limite celle-ci, et qui, répétés deux fois, forment quatre motifs portant les attributs de la Chasse et du Jardinage, se détachent en blanc sur le bleu clair du plafond, dont les ornements, percés à jour, sont dorés.

Nous n'avons plus qu'une chose à ajouter : c'est que la cheminée est en brèche blanche et rose, et qu'elle porte une belle pendule ornée de marqueterie de Boule et de deux des figures couchées de Michel-Ange.

Dans la chambre à coucher, placée en retour à la suite du salon ovale, il n'y a de sculpté que les portes, les lambris d'appui et les embrasures des fenêtres. La voussure se relie directement avec le plafond sans moulure, qui la limite supérieurement. Des figures de femmes garnissent ses angles.

Des trumeaux de Boucher, Restout, Carle Vanloo et Trémolière, celui-ci daté de 1737, décorent le dessus des portes.

Le rez-de-chaussée répétait les dispositions du premier étage et contenait l'appartement de M. de Rohan. Le salon ovale existe seul encore intact, avec ses lambris sculptés, mais peints en blanc. Au lieu de tableaux, sa voussure renferme de grands bas-reliefs qui symbolisent l'Histoire, la Comédie, la Tragédie, la Navigation, le Commerce, les Sciences et les Arts.

La chambre de M. de Rohan est détruite; mais elle nous est connue par les gravûres qu'en donne G. Boffrand dans son *Livre d'Architecture*, dont les planches LXI à LIX sont consacrées aux décorations intérieures de l'Hôtel de Soubise.

Parmi les débris de boiseries sculptées qui sont conservés dans ce rez-de-chaussée, on reconnaît les deux colonnes qui soutenaient le soffite de l'alcôve. Les lambris qui les accompagnent devaient garnir le reste de la pièce. Plusieurs, qui sont peints en vert d'éau, montrent dans leurs panneaux des sujets empruntés aux Fables de La Fontaine, et taillés dans le bois avec un grand talent, comme le sont du reste toutes les décorations de cette demeure princière, pour laquelle rien ne fut épargné.

Les sculptures de toutes les décorations imaginées par Germain Boffrand furent confiées, dit-on, à la direction immédiate de Louis Harpin, sculpteur du roi, qui les aurait dessinées dans leurs détails et exécutées.

Nous devons faire observer, cependant, qu'il existe des planches (Cabinet des estampes. Topographie de Paris; Hôtel Soubise) qui, représentent les décorations de l'Hôtel Soubise, se rapportent plutôt à un projet dressé peut-être lorsque M. de la Maire dirigeait les travaux, qu'à l'exécution que dirigea G. Boffrand. Les différences entre ces estampes et ce que l'on voit aujourd'hui résident dans le style général, qui est plus ferme et se ressent encore des influences de l'époque précédente, plutôt que dans les détails, auxquels ne s'astreignaient guère les graveurs de l'époque. Nous en avons pour exemple les gravures du Babel, dans l'ouvrage que G. Boffrand publia lui-même. Il faut donc supposer qu'après que G. Boffrand eut pris possession des travaux de l'Hôtel Soubise, L. Harpin modifia, suivant le goût du nouvel architecte, les projets qu'il avait faits pour son prédécesseur.

SALON

AU

MINISTÈRE DES TRAVAUX PUBLICS

A PARIS

———

CINQ PLANCHES

L'Hôtel du Ministère des travaux publics était jadis l'Hôtel de Roquelaure, qui, bâti par l'architecte Lassurance, avait été décoré par l'architecte Leroux en 1733, à ce que dit Blondel dans son *Architecture française* [1].

Or, nous trouvons dans d'Argenville que Lassurance mourut en 1757 et Leroux en 1740, ce qui dérange un peu l'ordre régulier des choses, suivant lequel le survivant aurait dû terminer l'œuvre du mort. Cela, de plus, s'accorderait avec ce que nous révèle l'analyse de la bâtisse et de la décoration des appartements qu'elle renferme. On reconnaît dans ces dernières, en effet, deux mains, ou plutôt deux nuances dans un même style, sans parler de l'édifice, qui montre naturellement plus de sobriété que ses intérieurs. On remarque, de plus, une dernière tradition de l'art sous Louis XIV, dans la largeur de l'exécution et la grandeur du style des masques sculptés aux clefs des ouvertures, — les seules parties d'ornement qui décorent les façades. — Mais, pour en revenir au salon dont nous publions les ensembles et les détails, il nous étonne qu'étant antérieur à l'année 1740, il présente de si notables modifications de style avec le salon des bijoux de Versailles, qui n'est point postérieur à l'année 1736, et

[1] Tome I, publié en 1752.

même avec les appartements de l'Hôtel de Soubise, que Boffrand décora de 1735 à 1740.

Ici les lignes sont contournées, le rocaille a tout envahi, et les ornements présentent déjà une certaine maigreur.

Cette altération devient plus sensible lorsque l'on compare cette pièce avec celle qui la précède, dont on aperçoit un coin par la porte ouverte dans une de nos élévations.

On voit là un de ces pilastres terminés par des volutes empruntées à la colonne ionique, comme au salon des médailles, à Versailles, et les mêmes dispositions symétriques dans les panneaux, quoique avec un peu moins de fermeté peut-être. C'est ce style que nous retrouvons dans les gravures exécutées d'après les compositions de Leroux. En tout cas, entre les deux salons, la différence est grande, et ce qu'on appelle le style rococo a fait de grands progrès pendant l'intervalle qui a séparé les études de l'un des études de l'autre.

Le style que montre le salon que nous publions présente certaines analogies avec celui de Boffrand. Les baguettes, autour desquelles s'enroule une tige feuillagée, se retrouvent à l'Hôtel Soubise et à l'Hôtel Roquelaure, pour servir d'encadrement aux panneaux de la menuiserie. Le chantourné abonde dans les deux, mais plus ferme, plus puissant en saillie et plus symétrique dans le premier que dans le second. Les coquilles, enfin, ont également fourni à la décoration les éléments de leurs valves striées de profondes cannelures et dentelées de lobes saillants. Mais, dans ce détail encore, Boffrand montre plus de mesure que celui qui a dessiné les boiseries du salon que nous publions.

En définitive, nous ne sommes point assuré qu'il ne faille point faire honneur à Leroux du premier salon, que nous ne publions point, parce que nous avons déjà donné ses analogues, et à l'un de ses successeurs inconnus du salon que nous publions, et qui serait quelque peu postérieur à l'année 1740.

Un fait nous semble justifier cette opinion. C'est que le maréchal de Roquelaure étant mort sans postérité en 1738, son hôtel fut acquis par M. Molé, qui peut avoir fait exécuter les décorations qui nous occupent. De plus, Blondel, qui avait relevé le plan de l'Hôtel, lorsque le maréchal vivait encore, ne donne point au salon la forme arrondie aux angles qu'il montre aujourd'hui.

La description de ce salon nous arrêtera peu, car le plan, la vue perspective, les deux élévations, le détail de la voussure au-dessus de la glace, qui sont donnés en nos gravures, en disent plus et disent mieux que nous ne le pourrions faire.

Toutes les sculptures se relèvent en or moulu sur le fond blanc des boiseries ou du plafond. Ce dernier se relie avec les lambris par une voussure creuse, bordée inférieurement par une baguette et supérieurement par une moulure plus puissante, qui se chantourne au droit des deux axes de la pièce, afin de laisser la place libre à des médaillons remplis par des jeux d'enfants.

Ces jeux ne semblent guère se rapporter à la Musique, dont les attributs décorent cependant les panneaux de la boiserie et le courant de la voussure. Deux bergerades, qui sont peut-être de Trémollière, garnissent les trumeaux des portes. La cheminée est en marbre gris verdâtre, d'une couleur un peu dure pour le ton général de la pièce.

Époque de Louis XVI

BOISERIES

AU PETIT TRIANON

TROIS PLANCHES

Entre les décorations intérieures que nous venons d'étudier et celles qu'il nous reste à examiner, quels changements! Le caprice règne encore, mais modéré et contenu par les lignes d'une architecture géométrique d'où les courbes sont presque exclues, tant l'on semble avoir peur de faire quelque concession au goût pour le contourné qui régnait la veille.

Quelles furent les causes de ce changement, et à quelle époque précise voit-on ce retour si singulier vers les formes de l'antique que montrent les décorations adoptées en France à la fin du dix-huitième siècle? Questions presque aussi difficiles à résoudre que s'il s'agissait d'une date à assigner à quelque changement de style dans les monuments de Persépolis. L'on a peu écrit sur les monuments de cette époque. Les préoccupations étaient ailleurs, et il ne s'est guère trouvé pour le règne de Louis XVI de ces historiographes des bâtisses nouvelles, comme Paris en a compté sous les règnes de Louis XIV et de Louis XV.

Ce ne serait qu'au prix de patientes recherches que l'on pourrait apporter la lumière dans ces questions encore confuses. Cependant il faudrait faire remonter jusqu'à la découverte des ruines d'Herculanum, qu'on ne s'attendait guère à trouver ici, les motifs de cette brusque substitution des formes maigres et correctes aux formes non moins maigres, mais si irrégulières, de l'époque précédente. D'ailleurs, une réaction était nécessaire, et, par une loi naturelle, c'était dans les extrêmes que celle-ci devait se lancer. Soufflot, après son voyage de 1750 en Italie, en compagnie de M. de Marigny, qui lui fit donner au retour le contrôle des bâtiments de Marly, puis de Paris; de Wailly, à la même époque, qui ouvrit un atelier suivi par de nombreux élèves, firent connaître et propagèrent les études qu'ils avaient faites à Naples parmi les fouilles d'Herculanum et les nombreux antiques que l'on en avait retirés. Puis, l'impulsion étant donnée, ils étudièrent les décorations que les anciens thermes romains laissaient subsister et les imitations que l'on en avait peintes à la Renaissance.

Gabriel, de son côté, secondait ce mouvement de transformation par ses constructions d'un si grand goût.

Parmi celles-ci, il faut compter le Petit Trianon, élevé pour Louis XV, qui voulait une retraite plus discrète que Versailles pour ses plaisirs.

Marie-Antoinette, on le sait, prit en affection singulière le Petit Trianon, où fut planté un jardin paysagiste qui peut encore passer pour un modèle, malgré les fabriques d'un village d'opéra-comique qui furent élevées sur les dessins d'Hubert Robert.

C'est donc un peu avant l'année 1774 que cette petite maison, qu'on appelle un palais, fut bâtie. Si les décorations intérieures furent ordonnées par Marie-Antoinette, devenue reine, il y a une telle unité de style entre toutes les parties de l'édifice, que l'on doit supposer qu'un intervalle d'années assez court sépara la construction des murs de l'exécution des boiseries et des ferronneries qui garnissent l'intérieur de ceux-ci.

Du reste, dès avant l'année 1776, le style nouveau avait reçu tous ses développements, comme le constatent les gravures de J.-C. Delafosse dans son recueil si étrange, intitulé l'*Iconologie historique* [1].

Les panneaux du boudoir de Marie-Antoinette que nous publions sont sculptés à plein bois avec une finesse qui n'exclut pas la largeur dans l'exécution.

Leurs ornements représentent ces colonnes de génies, de vases, de fleurs, de trépieds et de trophées, etc., qui, trouvés par la Renaissance dans les salles des

---

[1] Cette date se trouve gravée accidentellement sur l'une des chaires qui se trouvent presque à la fin de la suite d'estampes publiées sous ce nom chez François Chéreau fils et chez sa veuve.

palais et des thermes, dont les déblais amoncelés avaient fait des cryptes ou des grottes, furent appelés *grotesques* par cette raison.

Ces sculptures, d'une grande variété de composition, sont peintes aujourd'hui en blanc sur un fond gris de lin.

Le guéridon placé en avant de la boiserie a été emprunté à l'un des salons du Grand Trianon.

———

La porte, que nous publions avec le détail de ses coupes et de ses profils, se trouve au second étage du palais, dans l'attique qui était réservé aux gens de service.

Son ornementation plus sobre, les branches de myrte et les guirlandes qui entourent et accompagnent le trumeau ovale de la porte; les couronnes de roses qui surmontent les carquois de l'Amour, tout semble se rapporter à la destination tout intime que Louis XV avait voulu assigner à cette retraite.

Les moulures des portes, encore fermes, où se remarque l'emploi du talon renversé dans les baguettes d'encadrement des panneaux et dans les chambranles, semblent appartenir aux habitudes de la menuiserie de l'époque précédente. Il ne serait donc pas impossible que ces dernières boiseries appartinssent à la décoration primitive et dussent être mises sur le compte du règne de Louis XV.

SALON

DE

L'HOTEL DES POSTES

A PARIS

QUATRE PLANCHES

L'Hôtel des Postes est formé par l'adjonction successive à l'ancien hôtel de M. Fleuriau d'Armenonville, sis rue Jean-Jacques Rousseau, de plusieurs logis qui eurent tous des destinées plus ou moins illustres. Dans l'un d'eux, demeura Mme de La Sablière, l'amie de La Fontaine. Après l'acquisition de l'hôtel d'Armenonville par la régie des Postes, en 1757, l'on fit bâtir sur la rue du Coq-Héron un nouvel hôtel pour l'intendant général des Postes. C'est de cet hôtel que dépend le salon du rez-de-chaussée dont nous publions les détails, et qui, occupé aujourd'hui par des bureaux, a ses murs tout couverts de casiers remplis de liasses de vieux mandats acquittés. Il est impossible de faire un plus triste sort à de plus élégantes décorations. Derrière ces pièces, il existe un petit cabinet bas dont la corniche plate, ornée d'un semis de roses encadré dans une double guirlande, est une merveille de finesse et de goût, qui semble empruntée à l'œuvre de La Londe.

Il nous est difficile de dire à quelle époque précise furent bâties ces pièces où se retrouvent encore tous les détails de la construction primitive : la cheminée garnie de bronzes dorés; les espagnolettes aux croisées ; les balcons en fer poli et en bronze doré, aux fenêtres; et les serrures aux portes : ensemble qui serait digne d'un meilleur sort que celui qui lui est fait aujourd'hui [1].

Bien que ces ornements montrent la maigreur du style de l'époque de Louis XVI, on retrouve encore une certaine abondance dans les guirlandes qui ornent la glace de la cheminée, et la rosace du plafond.

Toutes les sculptures sont en bois doré sur fond blanc; mais les figures couchées au-dessus des portes, les ornements de la corniche et la rosace du plafond sont en stuc.

---

[1] Ces décorations, sauf celles du cabinet que l'on a oubliées, et des plafonds en plâtre que l'on n'a pu emporter, n'existent plus aujourd'hui ; le Domaine les a mises en vente, au lieu de les conserver pour l'une des nombreuses constructions que l'Etat entreprend de tous côtés, et qu'il rachètera très-cher peut-être du marchand à qui on les a adjugées à très-bon marché. Par suite de cette vente *intelligente,* les dimensions de la pièce se trouvent augmentées de l'énorme quantité de 5 centimètres le long de chaque mur.

BOISERIES D'UN SALON

DE

L'HOTEL NOURISSART

A LIMOGES

———

DEUX PLANCHES

—————◦————

C'est de l'année 1774 à l'année 1780 que M. de Nourissart, directeur de la Monnaie de Limoges, fit élever l'hôtel où se trouve le salon dont nous reproduisons deux panneaux. Cet hôtel était terminé en 1781, où M. de Nourissart, alors maire de Limoges, y reçut à dîner l'intendant de la Généralité, l'évêque de Limoges, etc., à l'occasion de l'inauguration d'une fontaine élevée en souvenir de la naissance du Dauphin [1].

La direction et l'exécution des menuiseries furent confiées à Jean-Baptiste Barry, aïeul de M. N. Barry, chef de division à la préfecture de la Haute-Vienne, de qui nous tenons ce détail.

J.-B. Barry adopta le style mis à la mode par les travaux que Marie-Antoinette fit exécuter aux petits appartements du palais de Versailles et au Petit Trianon. Il reproduisit même quelques-uns des ornements qui se voient encore dans la salle de bains de la Reine. Telle est la cassolette à trois pieds que l'on voit au milieu du petit panneau que reproduit une de nos planches.

Ce motif, du reste, est fréquent dans les gravures d'ornements de l'époque, et nous le retrouvons parmi celles de J.-B. Delafosse.

Mais en même temps J.-B. Barry montre dans l'ensemble des boiseries qu'il

———

[1] Renseignements fournis par M. Nivet-Fontaubert, de Limoges.

composa une certaine sévérité, et dans le dessin de la corniche en bois qui surmonte le tout une fermeté, et nous devrions même dire une pesanteur qui témoignent d'études antérieures et d'autres préoccupations.

En somme, il y a dans ces boiseries, en outre d'une certaine roideur en quelques parties, comme un compromis entre un style provincial attardé aux formes du temps de Louis XIV et le nouveau style de la cour, plus coquet en son ensemble et plus maigre en ses détails.

Tous les éléments de la corniche sont en bois, ainsi que ceux de la menuiserie. Lorsque la Banque a pris possession de cet hôtel, le tout a été recouvert d'une épaisse couche de peinture blanche qui a empâté les délicatesses de la sculpture, laquelle était jadis dorée sans doute.

SALON

DE

L'HOTEL DE M. COSSERAT

A AMIENS

TROIS PLANCHES

L'hôtel où se trouvent les boiseries dont nous publions les détails fut bàti à la fin du siècle dernier, par M. Jourdain de Cannacière. Voilà tout ce que nous en savons, et tout ce qu'en sait son propriétaire actuel.

La sobriété des ornements, ainsi que le peu de relief des moulures où dominent les filets, avec les doucines et les baguettes, sans aucun de ces talons renversés qui donnaient tant d'accent et de jeux de lumière aux boiseries des époques précédentes, nous font penser qu'il faut reporter aux environs de l'année 1785 l'exécution des boiseries qui nous occupent.

Le trépied qui décore le trumeau d'entre-deux des fenêtres rappelle ceux qui sont sculptés sur les boiseries de la salle de Marie-Antoinette à Versailles, et qui étaient habituels dans l'ornementation de l'époque, comme nous venons de le voir sur les panneaux de l'hôtel Nourissart.

Ces ornements, taillés en plein bois, sont peints en blanc, ainsi que les panneaux et les moulures, sur lesquels ils se relèvent en bosse. Ce sont des modèles d'élégance dans le dessin et de finesse dans l'exécution.

SALON

DE

L'HOTEL DE BOUFLERS

BOULEVARD DES ITALIENS

UNE PLANCHE

Au second étage de l'hôtel occupé aujourd'hui par le Cercle des arts, au coin de la rue de Choiseul et du boulevard des Italiens, existe un salon ovale, qui a vue sur le boulevard, et dont la façade n'annonce en rien la forme. Cet hôtel était celui de Bouflers, et avait été bâti par l'architecte Bonnet, sur le compte duquel nous n'avons rien trouvé dans les nombreux ouvrages de la fin du dix-huitième siècle où nous pouvions espérer de rencontrer quelque renseigne-ment. Comme cet hôtel est cité dans le *Guide de l'étranger à Paris*, édité par Thierry en 1786, nous sommes certain qu'il était bâti avant cette époque. Fort probablement ses décorations intérieures sont du même temps.

Le salon qui nous occupe est divisé en huit travées, dont trois, sur l'un des grands côtés, sont percées de fenêtres. Du côté opposé est une porte entre deux glaces. Une cheminée surmontée d'une glace fait vis-à-vis à une autre porte à l'extrémité du grand axe. Chaque trumeau est orné d'un bas-relief en bois représentant une grande figure de femme, dans le genre de celle que montre notre gravure, portée par des ornements, et supportant une corbeille combinée avec d'autres ornements que surmonte une figure d'Amour. Ces figures, qu'il ne faut point trop analyser, et qui sont d'un modelé un peu vide, eu égard à leur taille, sont cependant d'un agréable aspect, quoiqu'elles ne possèdent point le charme féminin que Clodion et ses imitateurs auraient su leur donner.

Ces figures sont encadrées par deux pilastres également en bois sculpté, ornés de rinceaux.

De doubles rubans et des moulures ornées de feuillages encadrent les glaces ou les chambranles des portes et des fenêtres.

Une corniche très-riche surmonte les boiseries. Elle est à modillons et ornée d'un rang de fruits, pommes, grenades, cédrats, etc., faisant saillie sur le bandeau placé au-dessous de ces modillons : motif d'un très-heureux effet.

La voussure qui sépare la corniche du plafond est ornée, au droit de chaque trumeau, d'un bas-relief carré, représentant chacun une femme assise, accompagnée d'un enfant debout, compositions d'un symbolisme un peu indécis et difficile à expliquer. Des aigles, des couronnes, des carquois garnissent l'intervalle des bas-reliefs.

Tous ces ornements, qui étaient peut-être dorés jadis, sont peints en blanc aujourd'hui, et sont d'une excellente exécution.

Peut-être est-ce dans cette pièce que le chevalier de Bouflers, dont le caractère fut si complexe, donna ses soupers qu'il égayait de ses poésies trop légères. Cette pensée a sans doute engagé l'architecte à la meubler d'un fauteuil où se lit une devise galante; mais ni fauteuil ni consoles concordant au style de la pièce n'y existent aujourd'hui. Celles-ci ont été prises dans l'œuvre de La Londe; le fauteuil a été dessiné chez M. Séchan, d'après un modèle du temps.

Dans les salons du premier étage de l'hôtel, occupés également par le Cercle des arts, il existe aussi de la même époque des décorations en bois sculpté, qui consistent surtout en attributs pendants en trophées sur les panneaux.

BOISERIES & CONSOLES

DANS L'HOTEL VIGIER

QUAI VOLTAIRE

QUATRE PLANCHES

Au coin de la rue des Saints-Pères et du quai des Théâtins, auquel Voltaire a depuis donné son nom, s'élevait l'hôtel de Tessé, élevé sur les plans de Pierre-Noël Rousset, architecte du roi, et membre de l'Académie d'architecture en 1776.

Cité par Thierry dans le *Guide de l'étranger à Paris*, cet hôtel fut bâti avant 1786, et par un descendant du maréchal de Tessé, qui était mort depuis bien longtemps déjà.

Les décorations de la chambre à coucher que montrent nos gravures sont en bois sculpté et doré sur fond blanc. Les figures placées dans les médaillons au-dessus des portes seules sont peintes en blanc. Au-dessus du linteau en bois de l'alcôve s'épanouit un large brûle-parfums, dans le style de ceux que nous avons déjà mentionnés.

Quant aux décorations du panneau de la porte d'alcôve, elles sont peintes en camaïeu, sur un fond de glace.

Nous empruntons au salon du même hôtel une console en bois sculpté et doré, d'une excellente exécution et contemporaine des décorations des lambris, dans laquelle les souvenirs classiques se sont heureusement alliés avec une agréable fantaisie.

BOISERIE

DANS

L'HOTEL DE LA PRÉFECTURE

A LILLE

———

UNE PLANCHE

L'hôtel de l'Intendance de la Flandre française, devenu aujourd'hui l'hôtel de la Préfecture de Lille, fut construit en 1786 par l'architecte Lequeux, élève de Louis.

C'est donc à la veille de la révolution qu'il faut rapporter l'exécution de ces boiseries, d'un aspect un peu sec et d'une correction qui fait pressentir l'introduction, dans tous les détails de la décoration intérieure, des éléments empruntés à l'architecture classique.

Les sculptures exécutées à plein bois qui décorent les moulures et les frises de cette menuiserie, dorées depuis un petit nombre d'années, étaient jadis peintes en gris à la colle et d'une seule nuance [1].

[1] Renseignements fournis par M. A. Benvignat, peintre et architecte, à Lille.

SALON

D'UN

HOTEL A LYON

DEUX PLANCHES, DONT UNE DOUBLE.

La décoration de salon qui termine ce volume appartient à l'extrême fin du dix-huitième siècle. Ce fut Alexis-Antoine Regny, «écuyer, trésorier et receveur des deniers communs, dons et octrois de la ville de Lyon,» qui la fit exécuter à une époque que l'on croit voisine de l'année 1800, dans son hôtel de la rue du Puits-Gaillot.

Le plan que nous publions nous dispense d'insister sur les dispositions intérieures de ce salon. Des glaces garnissent les deux pans coupés et surmontent des consoles à dessus de marbre ornées de moulures et de guirlandes détachées. D'autres glaces de même hauteur garnissent le milieu des faces latérales.

Les panneaux de chaque côté de celles-ci sont couverts d'ornements qui accompagnent des cadres ovales, où sont peintes en imitation de camée, sur fond bleu, des figures de femmes volant dans les airs, plus ou moins drapées, et portant chacune un attribut.

Les trumeaux des trois portes sont garnis de médaillons circulaires accostés de figures d'oiseaux chimériques. Des camaïeux, semblables aux précédents, y représentent un *Sacrifice à Vénus*, un *Sacrifice à l'Amour* et un *Sacrifice à Priape*, exprimés fort librement chacun par trois figures accompagnées d'accessoires.

Le style de ces peintures, touchées d'une main fort habile et avec esprit, est simple et attrayant. Il participe encore des grâces du dix-huitième siècle, mais tempérées par l'étude de l'antique, tel que devait le pratiquer quelque élève de Vien.

Les portes sont encadrées par de puissantes moulures sculptées, et leurs panneaux sont sculptés des attributs de Bacchus, de Minerve et de l'Amour pendants en trophées.

La cheminée est incrustée de massifs ornements en bronze doré, qui entourent sur le chambranle une tête de jeune homme aux ailes de papillon et couronnée de roses.

Ces bronzes dorés s'accordent avec les sculptures des menuiseries et des consoles, qui sont toutes en or sur fond blanc.

Enfin, le plafond est orné à son centre d'une rosace qui est également dorée.

Deux cabinets qui flanquent ce salon à chacune de ses extrémités ont été peints à la même époque, mais beaucoup plus simplement [1].

Il était intéressant de terminer par une décoration datant de l'extrême fin du dix-huitième siècle cette nouvelle série d'exemples d'art architectural, empruntés à toutes les époques de l'art en France depuis la Renaissance. D'abord on y voit ce qu'il était chez nous au sortir de la Révolution, avant que l'on eût tout oublié de la grâce des artistes galants de l'ancien régime. Puis, on peut y étudier comment l'antique, venant à de longs intervalles nous ramener à l'étude du simple et du vrai, se modifie à chaque fusion nouvelle avec l'esprit français, pour donner un caractère particulier et bien réellement original à l'art nouveau qui sort de cette alliance.

[1] Renseignements fournis par M. F. Rolle, archiviste de la ville de Lyon.

FIN.

TABLE DES MATIÈRES

ET

CLASSEMENT DES PLANCHES

II   11

Époque de Louis XIV.

Époque de Louis XVI.

FIN DE LA TABLE.

PARIS. — TYPOGRAPHIE HENNUYER ET FILS, RUE DU BOULEVARD, 7.

ÉGLISE DE TILLIÈRES (EURE)

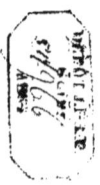

Imp. Lemercier, Paris

ÉGLISE DE TILLIÈRES (EURE).

COUPE DU PLAFOND EN PIERRE DE LA CHAPELLE DES FONTS BAPTISMAUX.

Paris, MORLOT & DAUDÈ, Éditeurs.

Imp. Picard, à Paris.

ÉGLISE DE TILLIÈRES — (EURE).

PLAN DU PLAFOND EN PIERRE DE LA CHAPELLE DES FONTS BAPTISMAUX.

ÉPOQUE DE FRANÇOIS Iᵉʳ

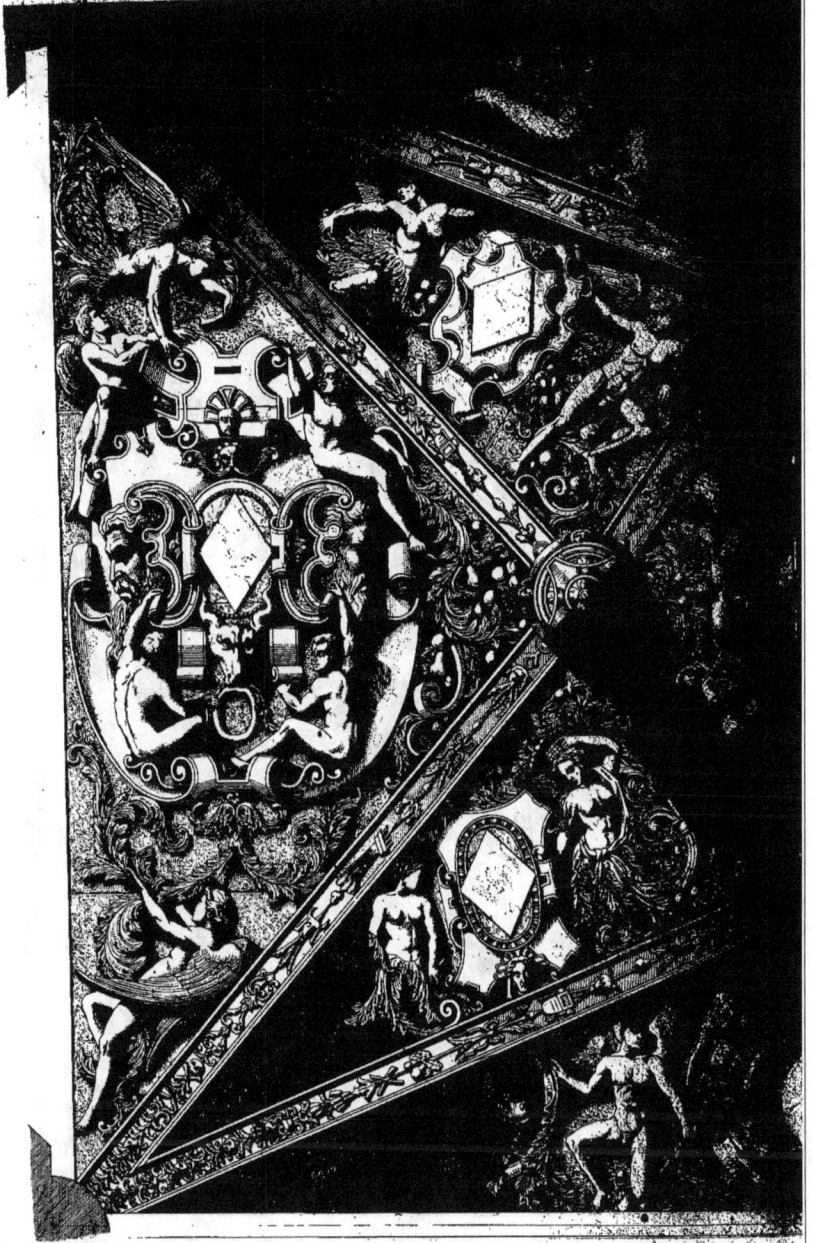

E. Peuget arch. dir. — P. Sellier del.   Echelle de |—|—| — | |—|—| | | |

ÉGLISE DE DI...

PLAN DU PLAFOND EN...

4 - 5.

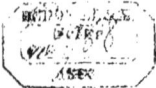

…IÈRES (EURE).

…RE DU CHŒUR DE L'ÉGLISE.

…AUDRY, ÉDITEUR

ÉGLISE DE TILLIÈRES (EURE)

PLAN DU PLAFOND DU CHŒUR DE L'ÉGLISE

ÉPOQUE DE FRANÇOIS Ier.

PL. 7.

CHÂTEAU DE LOUEY (PRÈS DE DREUX)

COMPARTIMENTS DE BRIQUES SUR LES FAÇADES

PARIS MOREL & FANDRY, ÉDITEURS.

Imp. Drouart, Paris.

CHATEAU D'ÉCOUEN

MEUBLES EN BOIS DE FOND BOIS

PARIS MOREL ET A. DAINCY ÉDITEUR

A. Chaguot sc.

F. Rouyer, arch. del

Nota.—Les lettres sont vu ou ... sur fond blanc

Échelle de ...

Détail A à 0m,20 p. mètre

fond du caisson.

Nota.—Les enluminures sont au ou sur fond de bleu.

CHATEAU DE OIRON (DEUX-SÈVRES)

PLAFOND DE LA GRANDE SALLE AU 1er ÉTAGE

PARIS, MOREL & BAUDRY, ÉDITEURS.

H. Sellier, sc.

Imp. Dresser, à Paris.

Echelle de

R. Rouyer arch. del.

A. Chappuis sc.

CHEMINÉE D'UNE MAISON

À SARLAT (D.T DE LA DORDOGNE)

CHEMINÉE EN PIERRE AU CHÂTEAU DE LANMA...

...SUR LES ... .. DE LA DORDOGNE.

HÔTEL DE VILLE DE LA ROCHELLE

FAÇADE ET PARTIE DE LA FAÇADE

Imp. Becquet, Paris

CATHÉDRALE DE BAYEUX
STALLE EN BOIS SCULPTÉ

F. Rouyer arch. del.

Ribault sc.

PARIS NOBLET & BAUDRY, ÉDITEURS.

E. Rouyer arch. dir. — P. Fauré del.

Echelle de

STALLES EN BOIS DANS L'ÉGLISE St PIERRE, A TOULOUSE.

PARIS, NOBLET & BAUDRY ÉDITEURS

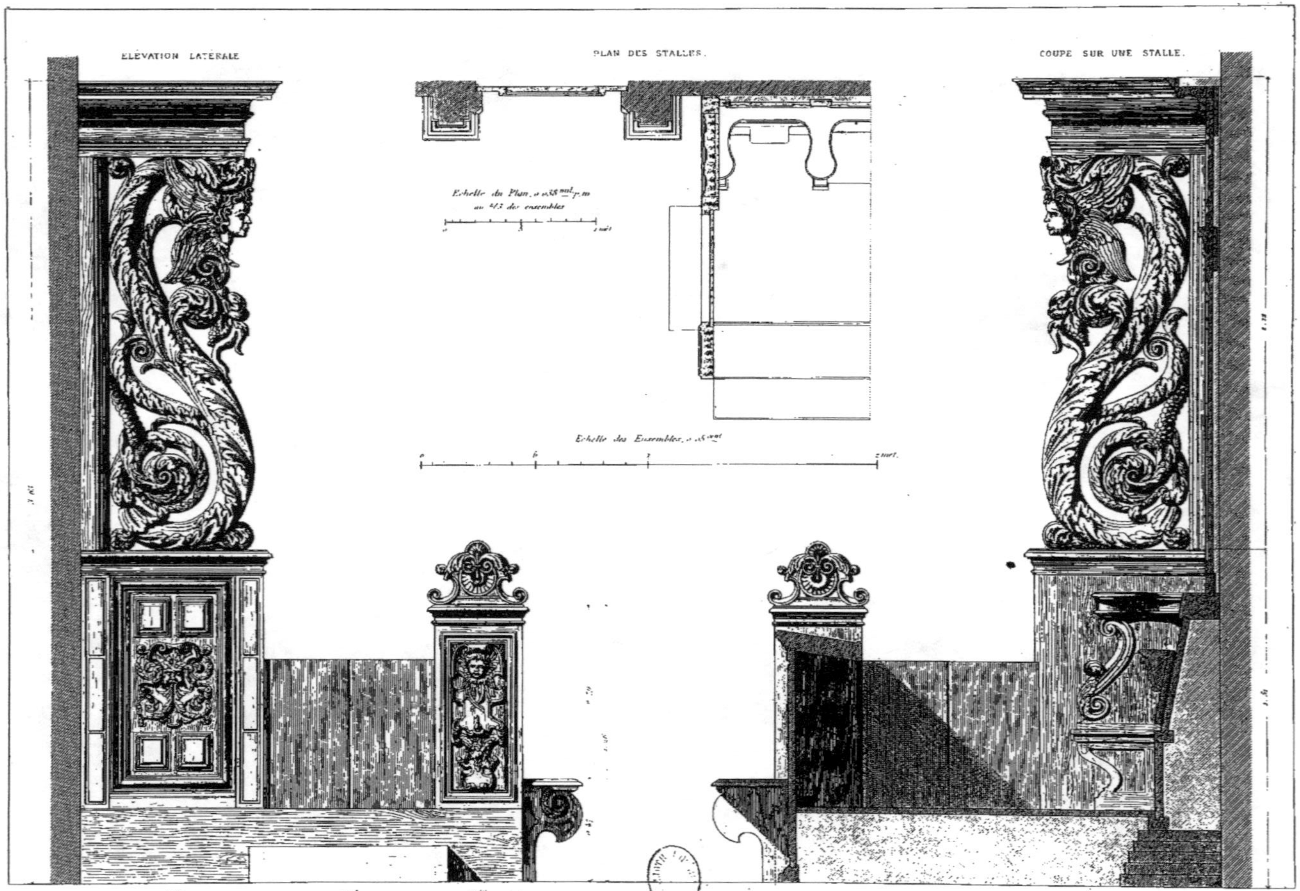

ÉLÉVATION LATÉRALE

PLAN DES STALLES

COUPE SUR UNE STALLE

STALLES EN BOIS DANS L'ÉGLISE ST PIERRE, A TOULOUSE

PARIS, MOREL & BAUDRY, ÉDITEURS

16

E. Rouyer arch. dir. ___ P. Faure del.

Echelle de

Gravé

à 0,0,25 p. mal

Baudret sc.

STALLES EN BOIS DANS L'ÉGLISE St PIERRE, A TOULOUSE.

DÉTAILS AU QUART D'EXÉCUTION.

PARIS, NOBLET & BAUDRY, ÉDITEURS.

Imp.ᵉ Lemoureux, Paris

COUPE DU PLAFOND.

PLAFOND DE LA CHAMBRE DU CONSEIL

À LA COUR D'ASSISES DE LA SEINE

PARIS, NOBLET & BAUDRY, ÉDITEURS

PAVILLON DES ARQUEBUSIERS À SOISSONS.

E. Rouyer Arch. del.

Imp. Drouart, Paris.

PARIS MOREL ET HALLES ÉDITEURS

Couronnement de la Porte

Corniche

Frise

Bandeau

appui des
Fenêtres

Plan du Pavillon
à 0^m05 p^r mètre

Coupe sur un Bossage

Porte du soubassement

Pierre   Brique

Chambranle   Fenêtre

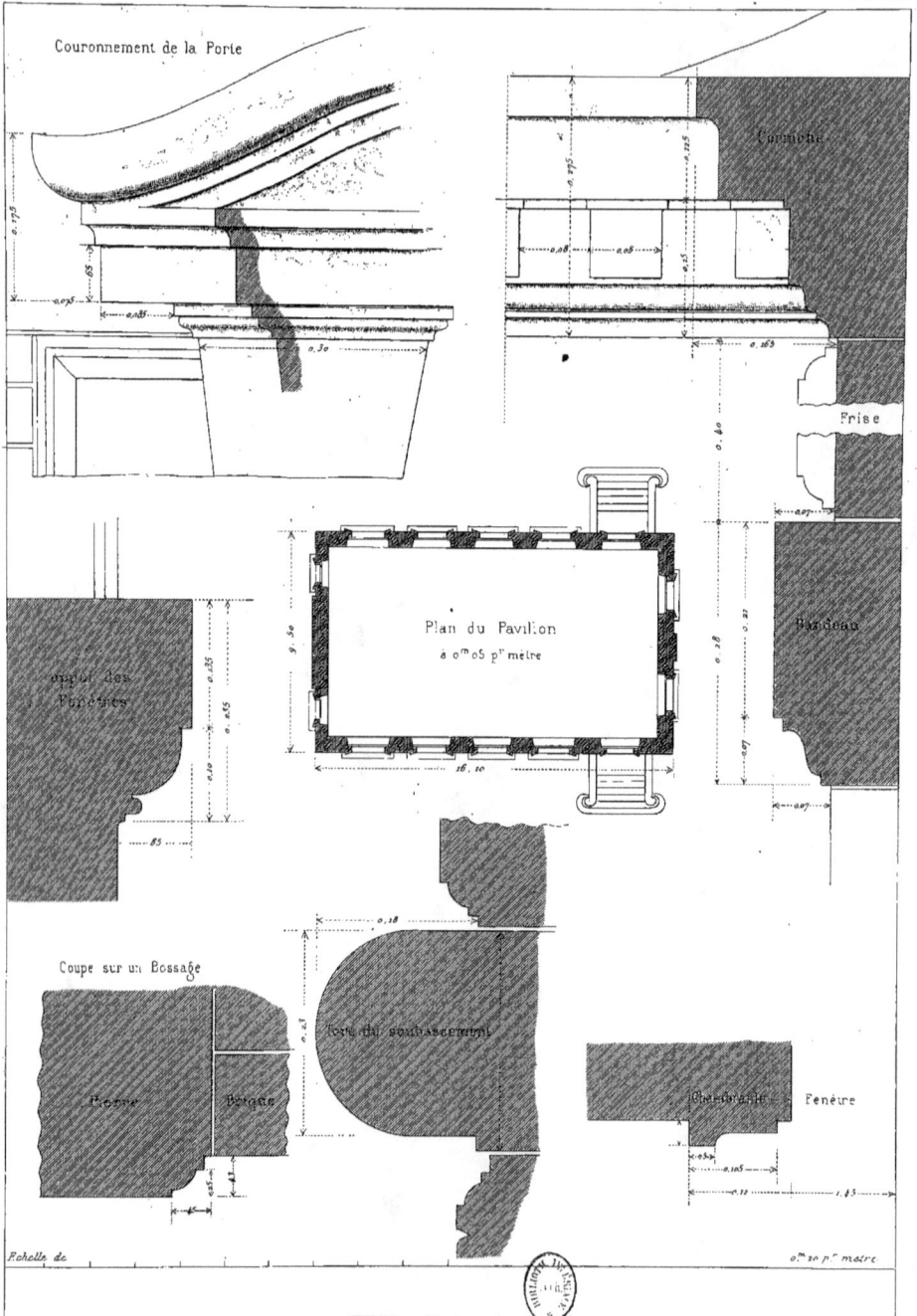

E. Rouyer, Arch. del.

Sellier sc.

PAVILLON DES ARQUEBUSIERS À SOISSONS
DÉTAILS.

PARIS, NOBLET et BAUDRY ÉDITEURS

Imp. Drouart Paris.

ÉPOQUE DE LOUIS XIII

CHATEAU D'OYRON (DEP.T DES DEUX SÈVRES)

PLAFOND DU SALON DES MUSES

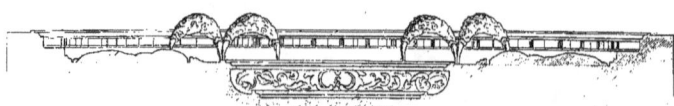

Imp. Dupuy & Cie Paris

MAISON EN BRIQUE ET PIERRE
RUE DU MOULIN DU ROI, À ABBEVILLE.

E. Rouyer arch.te dir — P. Sellier del.

Echelle de o.10e p.r metre

P. Sellier sc.

PLAFOND PEINT SUR BOIS.
MUSÉE DE CLUNY.

J. BAUDRY, ÉDITEUR

Imp.rie Lemercier, Paris.

CHAPELLE DE L'HÔTEL DIEU A COMPIÈGNE

STALLE EN BOIS

PARIS. MOREL & DAUDRY, ÉDITEURS.

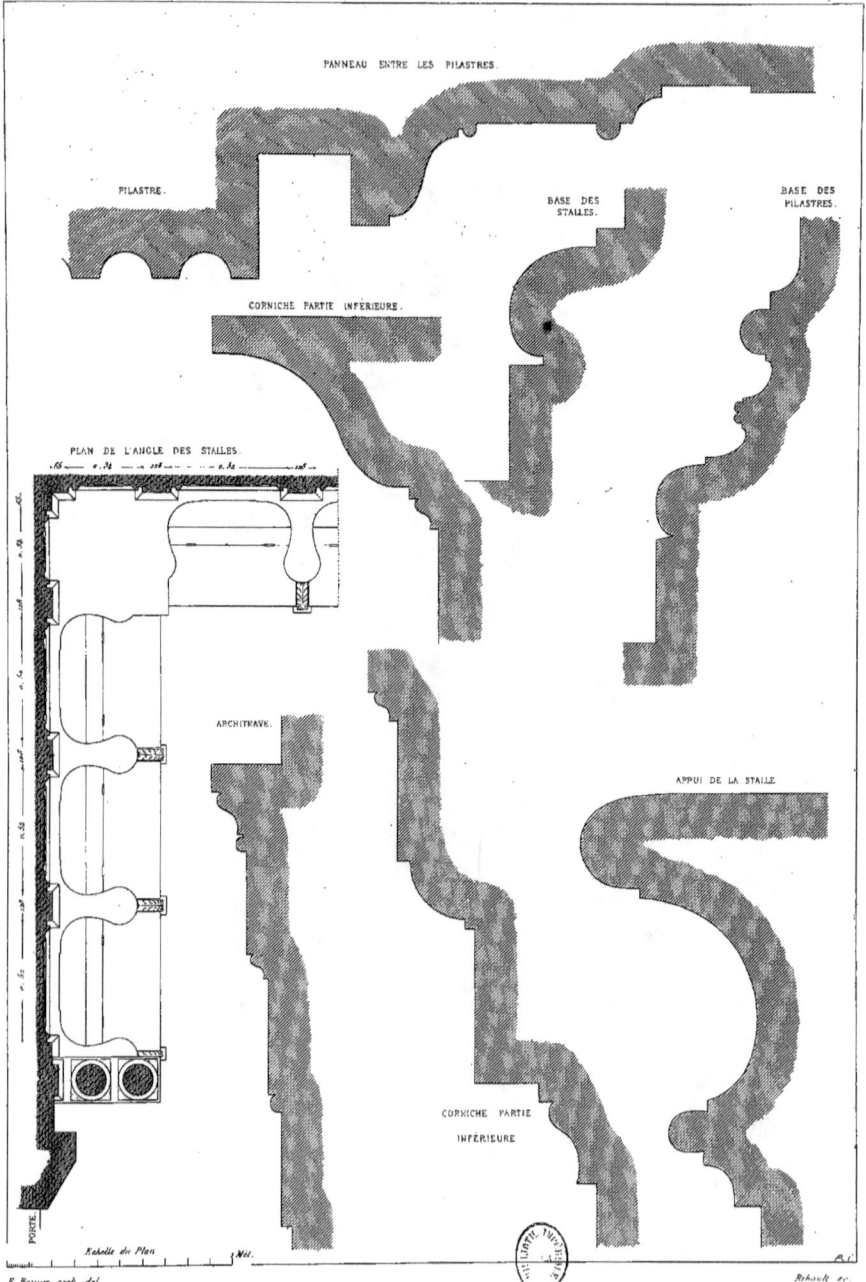

PANNEAU ENTRE LES PILASTRES.

PILASTRE.

BASE DES
STALLES.

BASE DES
PILASTRES.

CORNICHE PARTIE INFÉRIEURE.

PLAN DE L'ANGLE DES STALLES.

ARCHITRAVE.

APPUI DE LA STALLE

CORNICHE PARTIE
INFÉRIEURE

PORTE.

Echelle du Plan

E. Rouyer arch. del.

Rehault sc.

CHAPELLE DE L'HÔTEL DIEU, A COMPIÈGNE.

DÉTAILS GRANDEUR D'EXEC^{on} DE LA STALLE

PARIS, NOBLET & BAUDRY, ÉDITEURS

Imp. Imonari, Paris.

MAISON A POITIERS, GRANDE RUE N° 48

MAISON A LA ROCHELLE, RUE DES GRANDS MERCIERS

Imp. Drouart, Paris.

CHAIRE A PRÊCHER DE L'ÉGLISE ST ÉTIENNE DU MONT A PARIS.

ENSEMBLE DE LA CHAIRE VUE DE FACE.

CHAIRE A PRÉCHER DE L'ÉGLISE St ÉTIENNE DU MONT A PARIS

FAÇADE PRINCIPALE

E. Rouyer arch dir ____ P Sellier del.

PLACE ROYALE — PARIS.

L DANGEAU

GALERIE D'APOLLON AU LOUVRE.

PARTIE MILIEU DE LA VOUTE EN CAISSANT LE TABLEAU D'EUGENE DELACROIX

PARIS, NOBLET et BAUDRY, EDITEURS.

Echelle de 1 à —

Imp. Drouart Paris

CHAMBRANLE DES PORTES

CHAMBRANLE DES PORTES

E. Rouyer arch. dir. ___ P. Sellier del.

Echelle de

Cury sc.

GALERIE D'APOLLON AU LOUVRE
DÉTAILS DIVERS

PARIS, MOREL & BAUDRY ÉDITEURS

Imp. Drouart, à Paris

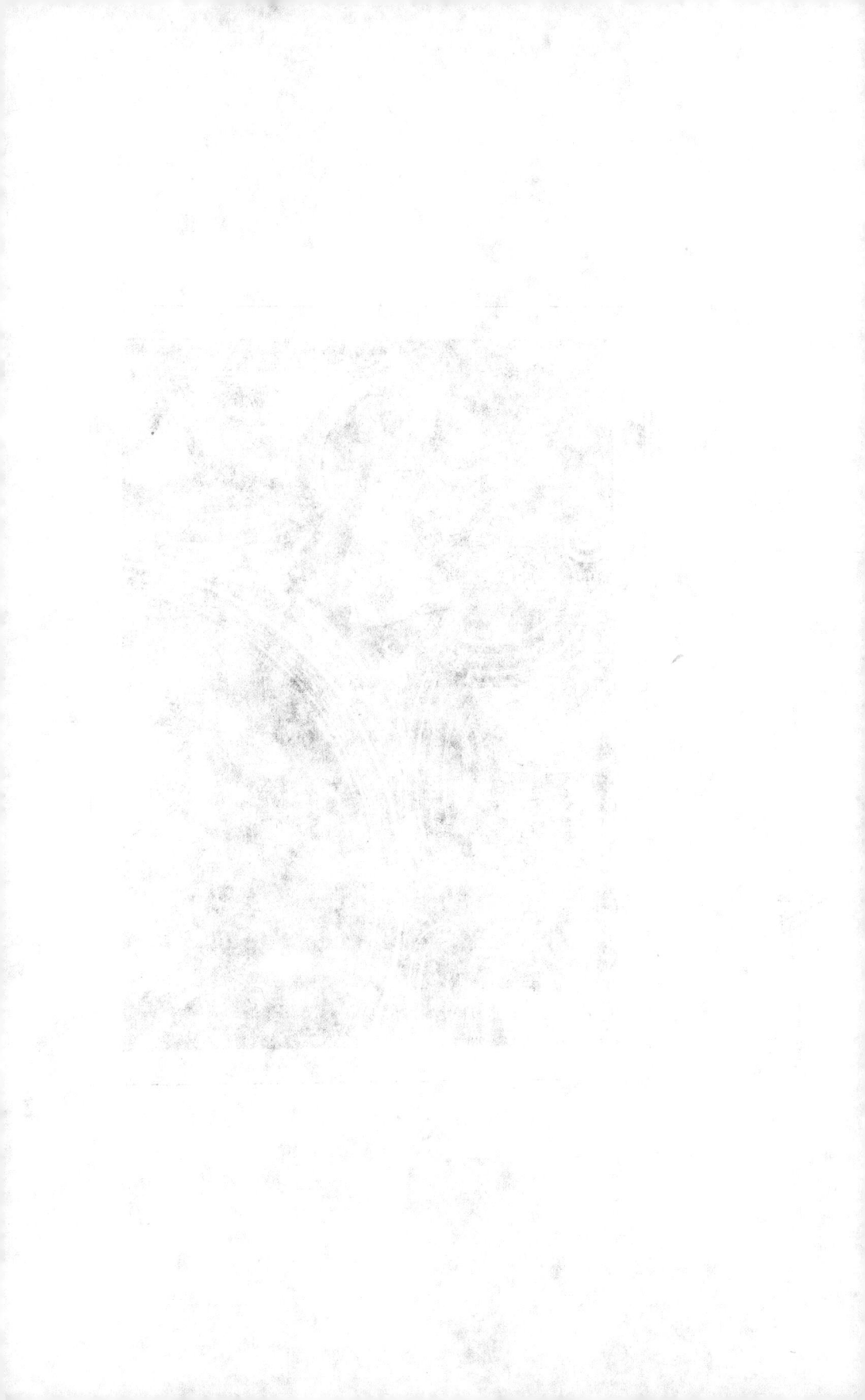

PALAIS DE VERSAILLES

PLAFOND DU PAVILLON AU 1er ÉTAGE

Echelle de

MOREL & MOURY, Editeurs

Imp. Lemercier, Paris

E. Kauzer arch. dir. — P. Sellier del.

GALERIE D'APOLLON AU LOUVRE

PORTE DE LA GALERIE.

PARIS, NOBLET & BAUDRY, ÉDITEURS.

ART ARCHITECTURAL EN FRANCE.

ÉPOQUE DE LOUIS XIV.

CADRE D'UN TABLEAU
DANS LA VOÛTE.

CADRE D'UN TABLEAU
DANS LA VOÛTE.

VASE AU-DESSUS DES PORTES.

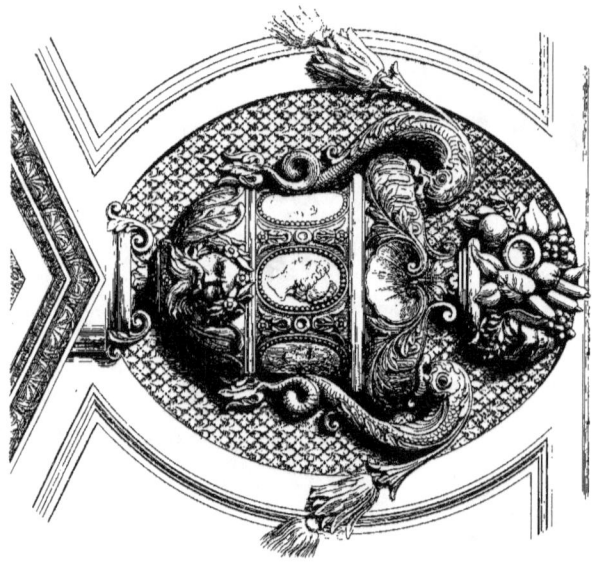

Échelle de

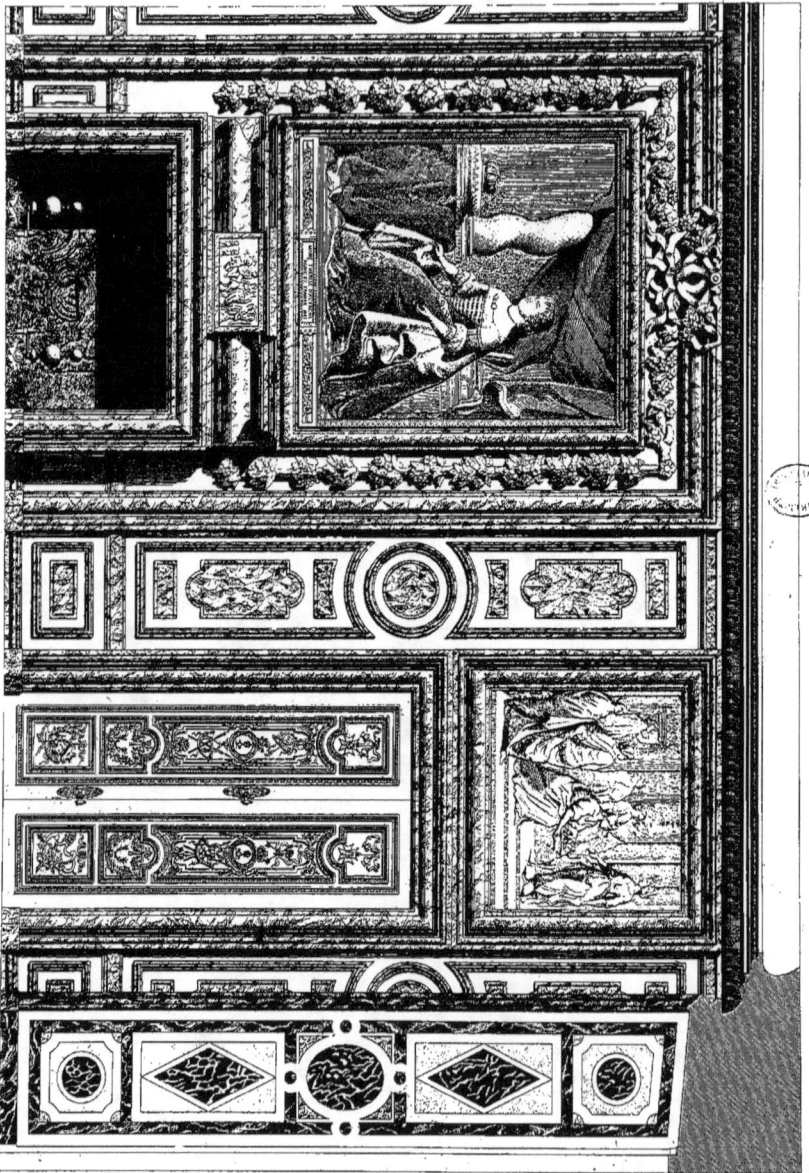

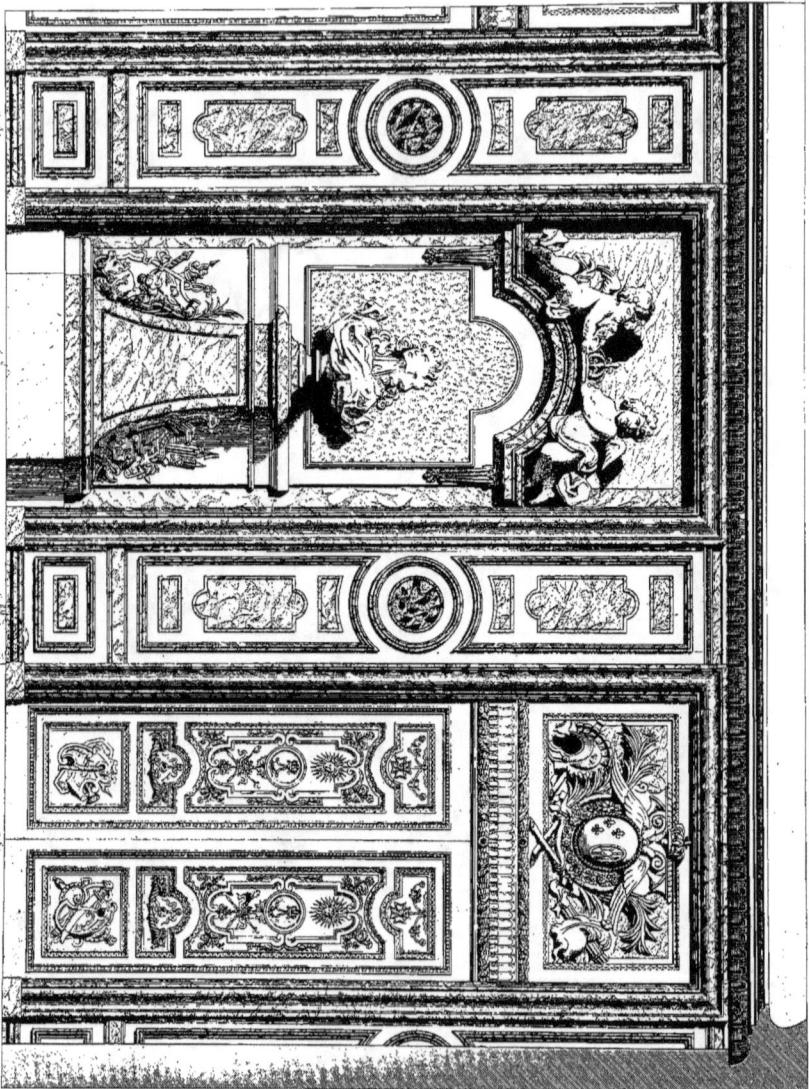

PALAIS DE VERSAILLES

PROFILS DE CHAMBRANLES EN MARBRE

SALON DE DIANE — CHAMBRANLE DE LA CHEMINÉE
Marbre

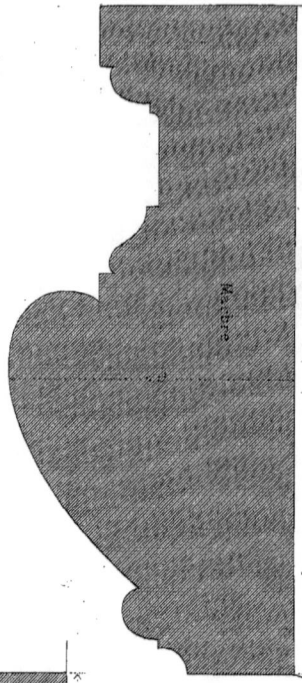

SALON DE DIANE — CHAMBRANLE DES FENÊTRES
Marbre

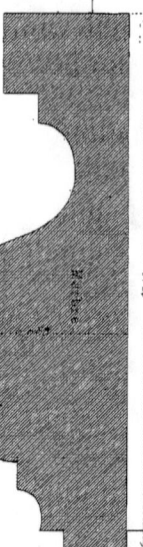

SALON DE MERCURE — CHAMBRANLE DE LA FENÊTRE
Marbre

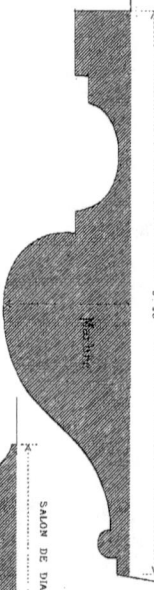

SALON DE DIANE — CADRE DES TABLEAUX
Marbre

SALON DE VÉNUS
Marbre

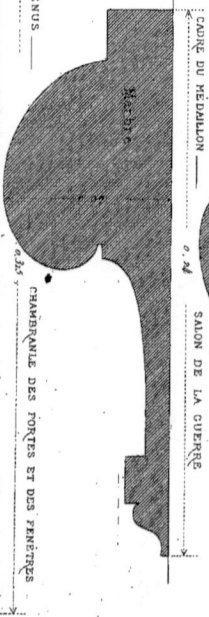

CADRE DU MÉDAILLON
Marbre

CHAMBRANLE DE CHEMINÉE — SALON DE LA GUERRE
Marbre

SALON DE LA GUERRE
Marbre

SALON DE DIANE — CHAMBRANLE DE LA PORTE
Marbre

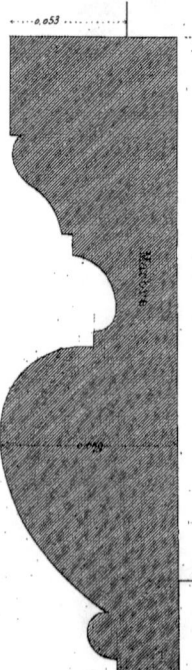

CHAMBRANLE DES PORTES ET DES FENÊTRES
Marbre

E. Rougyer Arch. du.   P. Sellier del.

Echelle de 0m 50 p. mètre.

PARIS, MORILET ET BAUDRY, ÉDITEURS

Imp. Drouart Paris.

H. Sellier sc.

3166

PALAIS DE VERSAILLES

VOUTE DU SALON D'APOLLON AU 1er ÉTAGE

Echelle de

Échelle

F. Rouyer Arch. dir. P. Sellier del.

H. Sellier sc.

PALAIS DE VERSAILLES
SALON DE LA GUERRE

Imp. Decanet. Paris

Echelle de 0^m 10 p. m.

DESSUS DE PORTE

ORNEMENTS EN BRONZE DORÉ

SUR FOND DE MARBRE

CORNICHE SUPÉRIEURE

DÉTAIL DU DESSUS DE PORTE

DÉTAIL DU DESSUS DE PORTE

E. Rouyer arch. dir.___ P. Sellier del.   Echelle de   Soudain sc.

PALAIS DE VERSAILLES.
PORTE EN BOIS SCULPTÉ DANS LES GRANDS APPARTEMENTS

F. Rouyer Arch. d'après une Photographie

FONTAINE EN PLOMB
DANS LES JARDINS DU PALAIS DE VERSAILLES

PARIS DUBLET et BAUDRY ÉDITEURS

Imp. Drouart Paris

JARDIN DU PALAIS DE VERSAILLES

VASE EN PLOMB DU BASSIN DE NEPTUNE

L. Guichard sc.

E. Bourgeois sc. del.

E. V. Bled del.

Imp: Bertauts r. Cadet.

Imp: Drouart Paris.

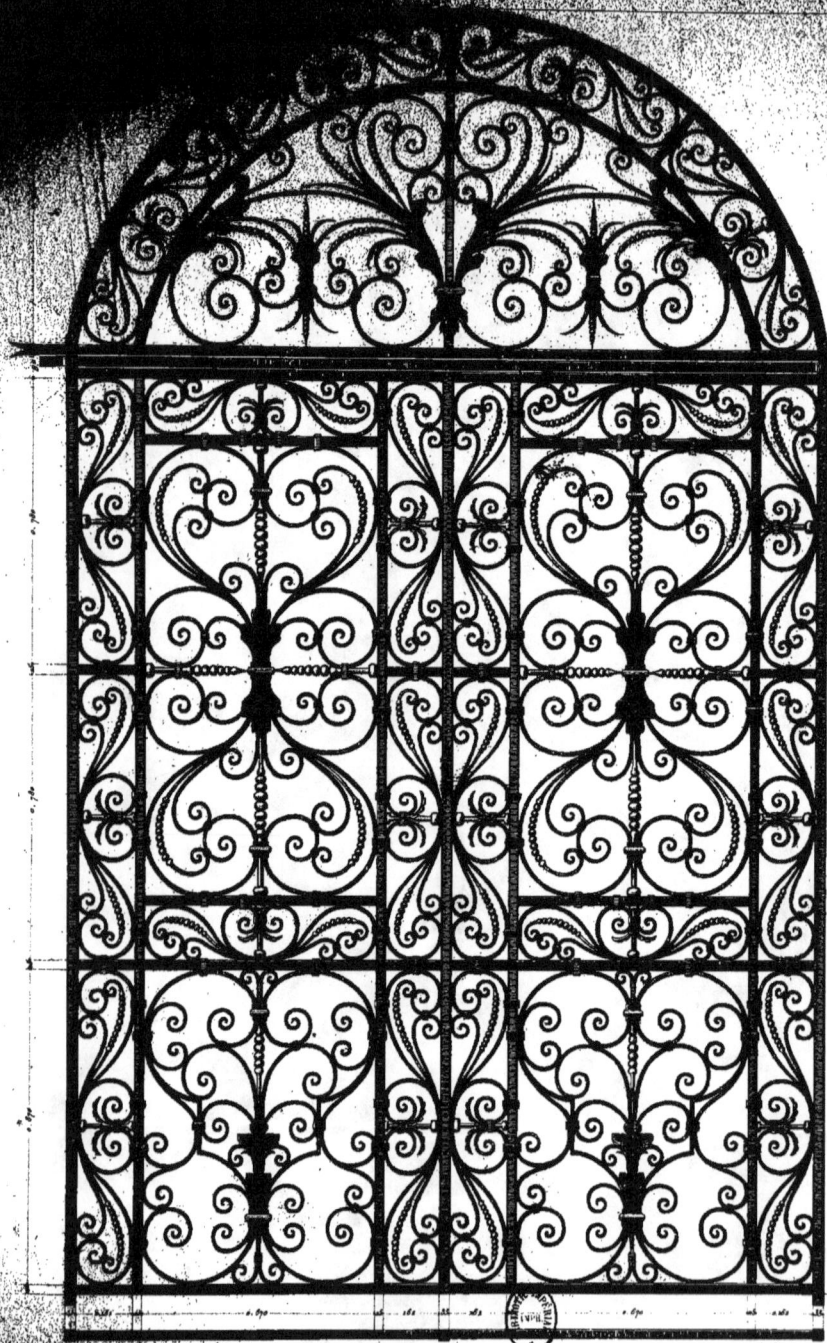

GRILLE DU CHÂTEAU DE MARLY.

PLACÉE AUJOURD'HUI RUE ST ANTOINE, À VERSAILLES.

J. Penel sc.

PARIS NOBLET & BAUDRY, ÉDITEURS.

Imp. Drouart, à Paris.

Echelle

PALAIS DE VERSAILLES

PLAFOND DE LA CHAMBRE A COUCHER DE LA REINE

CHATEAU DE VERSAILLES

DÉTAIL DU PLAFOND DE LA CHAMBRE À COUCHER DE LA REINE

PARIS, MORLET & BAUDRY, ÉDITEURS.

PALAIS DE VERSAILLES

PORTE DE LA CHAMBRE A COUCHER DE LA REINE

PARIS, MOREL & BAUDRY, ÉDITEURS

LAMBRIS.

PORTE

0, 26

0, 60

CHAMBRANLE DE LA PORTE.

PROFIL DU CHAMBRANLE DE LA PORTE.
(à moitié d'exécution)

CADRE DE GLACE.

DESSUS DE LA PORTE

Echelle

de 0ᵐ 10ᵖ les détails
1 mèt.

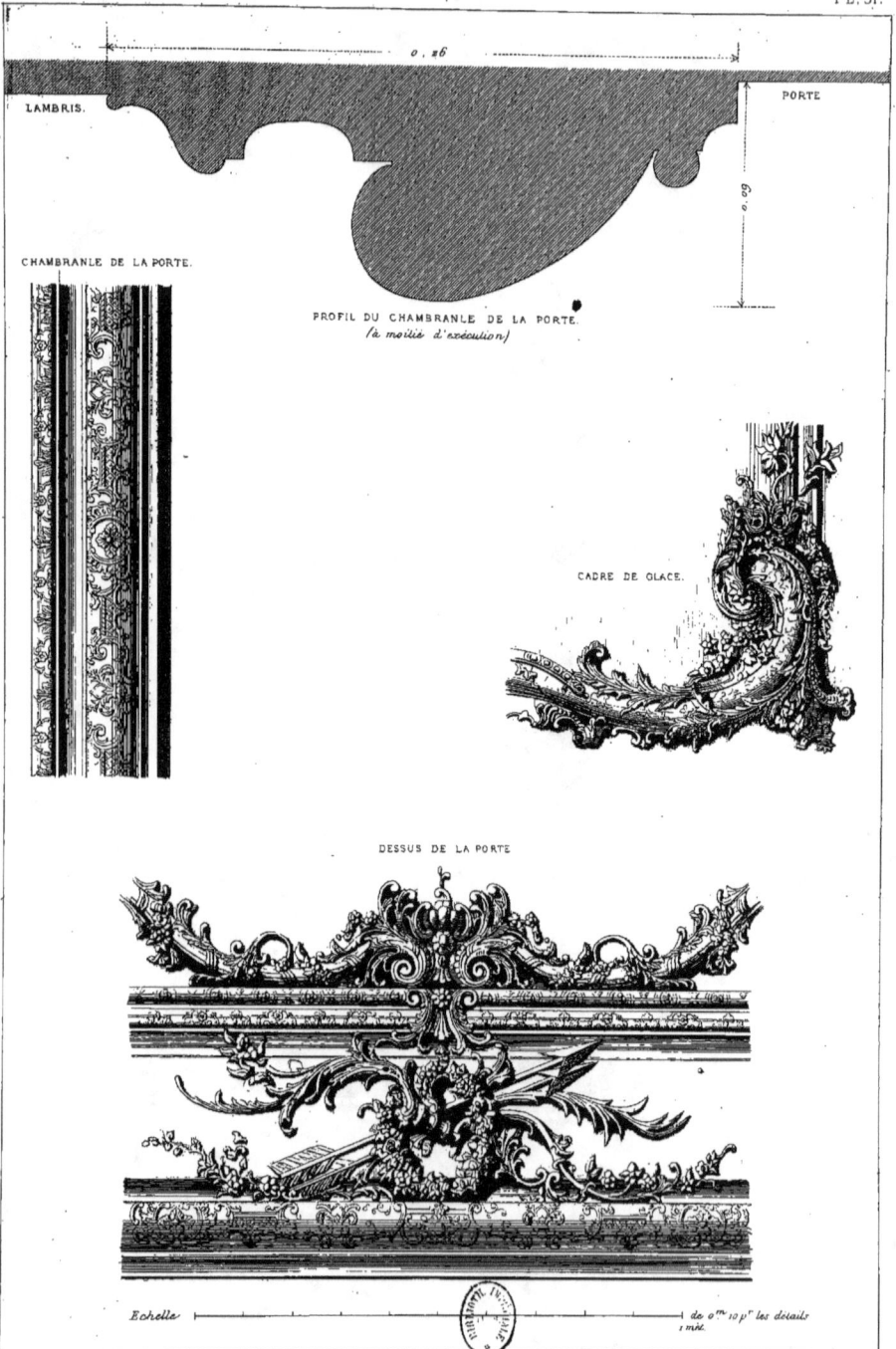

E. Rouyer arch. dir. — P. Sellier del.

Sellier sc.

PALAIS DE VERSAILLES.
CHAMBRE À COUCHER DE LA REINE (DÉTAILS).

PARIS, NOBLET & BAUDRY, ÉDITEURS.

Imp. Drouart, Paris.

PALAIS DE VERSAILLES — APPARTEMENTS

CÔTÉ DE LA CHEMINÉE

PARIS, VICTOR A. MOREL & BAUDRY, ÉDITEURS.

Échelle de 0ᵐ 05 p.r mèt.

PARIS MOREL et BAUDRY, ÉDITEURS.

VOUSSURE DE LA FENÊTRE.

UN DES PANNEAUX

CORNICHE DE COURONNEMENT

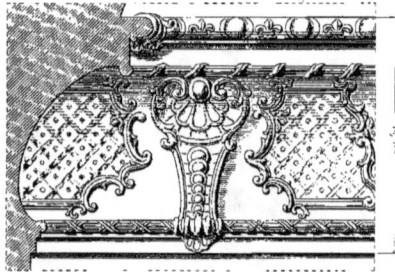

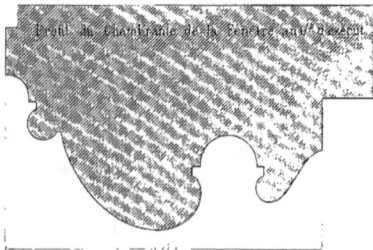

Profil du Chambranle de la fenêtre sur l'Anrecot

Echelle

0 65

R. Rouyer arch.te dir. ____ P. Sellier del.   A. Charpius sc.

CABINET DES MÉDAILLES, PALAIS DE VERSAILLES
DÉTAILS DIVERS

PARIS NOBLET et BAUDRY ÉDITEURS

Imp. Drouart à Paris.

CHEMINÉE

E. Rouyer arch. dir. — F. Sellier del.

Echelle de

Soulley sc.

PALAIS DE VERSAILLES — SALON DES MÉDAILLES
PLAN DU PLAFOND

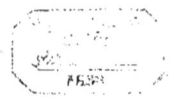

CADRE ET COURONNEMENT DE LA GLACE AU DESSUS DE LA CHEMINÉE

ANGLE DE LA GLACE

CHAPITEAU

Échelle de

E. Rauper arch. dir.___ P. Sellier del.

Bouillon sc.

PALAIS DE VERSAILLES
DÉTAILS DU SALON DES MÉDAILLES

PARIS, NOBLET et BAUDRY, ÉDITEURS.

Imp. Drouart à Paris.

VOUSSURE DE LA FENÊTRE

UN DES PANNEAUX

CORNICHE DE COURONNEMENT

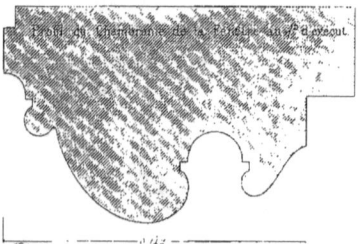

Échelle

E. Rouyer arch.te dir. __ P. Sellier del.

A. Chappuis sc.

CABINET DES MÉDAILLES, PALAIS DE VERSAILLES
DÉTAILS DIVERS

PARIS NOBLET et BAUDRY EDITEURS

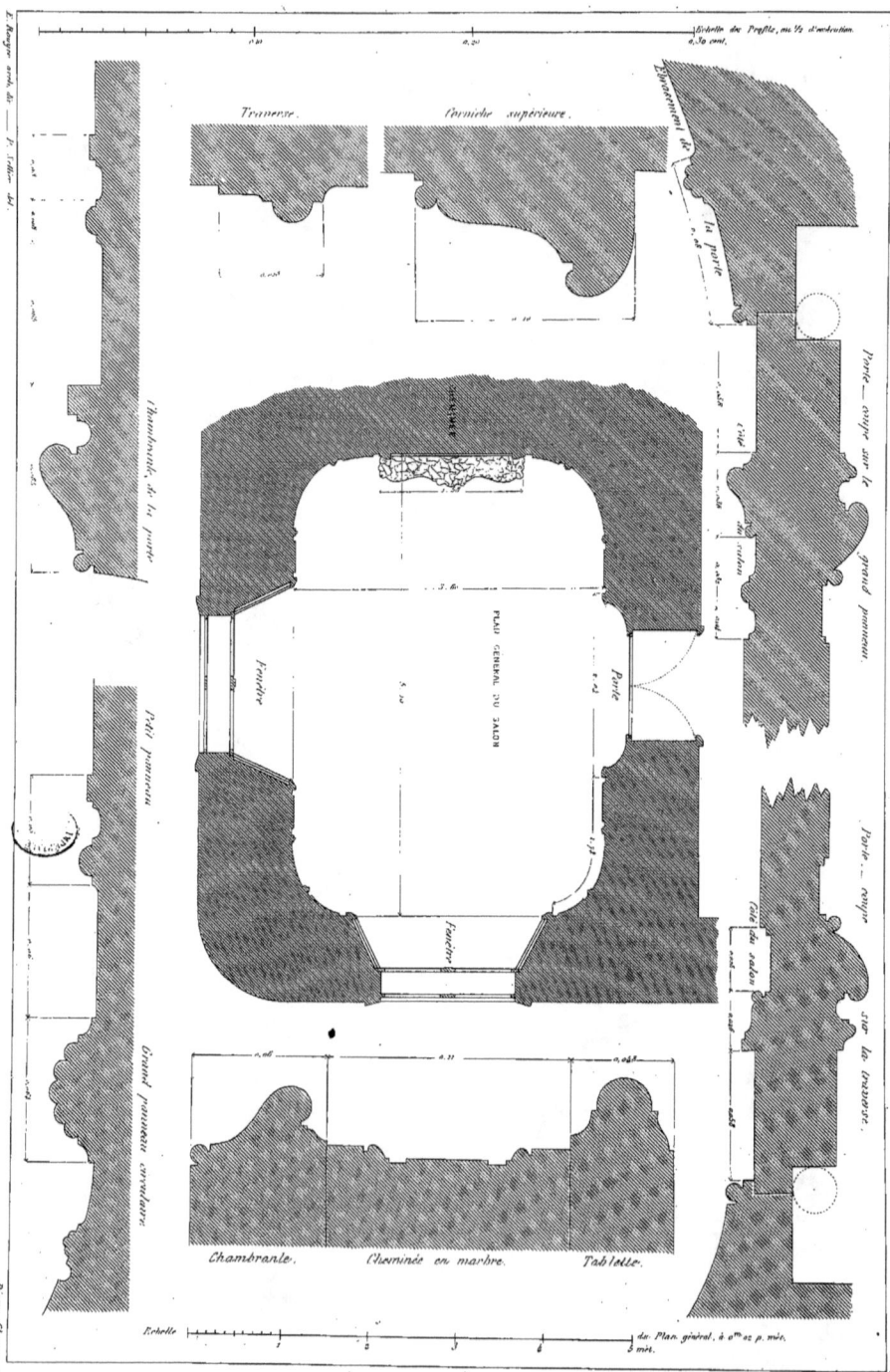

Échelle du Profils, ou ½ d'exécution.

Traverse.

Corniche supérieure.

Évasement de la partie

Porte — coupe sur le grand panneau

Porte — coupe sur la traverse.

Côté du salon

Chambranle de la porte

CHEMINÉE

PLAN GÉNÉRAL DU SALON

Fenêtre

Porte

Fenêtre

Petit panneau

Grand panneau circulaire

PETIT SALON DU CHÂTEAU DE RAMBOUILLET

PLAN GÉNÉRAL, ET PROFILS DE LA MENUISERIE.

PARIS, NOBLET & BAUDRY, ÉDITEURS.

E. Rouyer arch. del.

P. Sellier del.

Chambranle.

Cheminée en marbre.

Tablette.

Échelle du Plan général, à 0m 02 p. mèt.

Dugma, lith.

Imp. Drouart, Paris.

PALAIS DE RAMBOUILLET

VUE PERSPECTIVE DU SALON

PARIS NOBLET & BAUDRY, ÉDITEURS

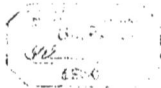

PALAIS DE RAMBOUILLET
SALON CÔTÉ DE LA CHEMINÉE.

61-62

RAMBOUILLET (BOIS SCULPTÉ)

Echelle de

E. Hoguer arch dir _ P. Sellier del.

PORTE ET TABLEAU

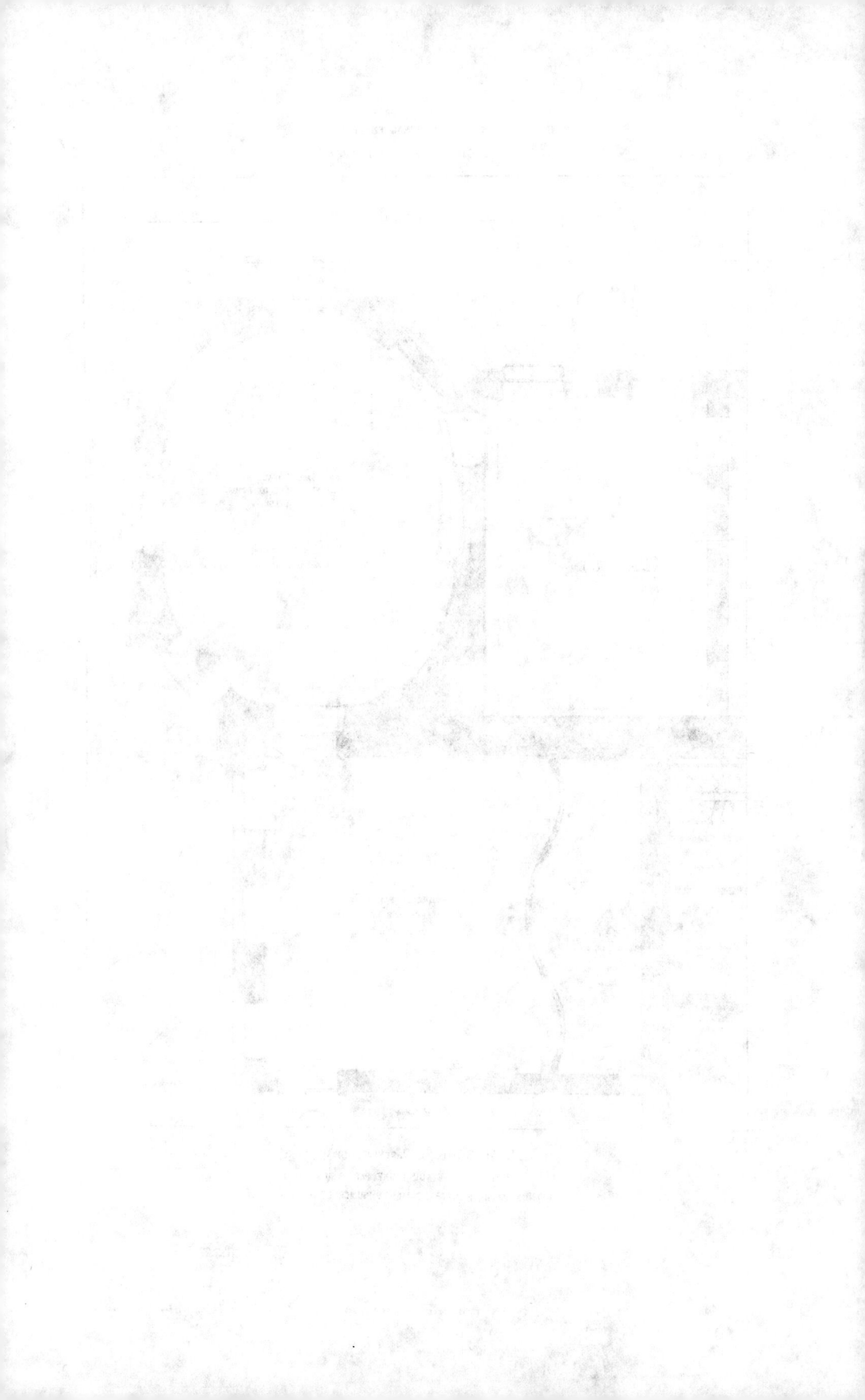

Echelle de

Jardin

Balcon

Fausse Loutre

Glace

Fausse porte

Chiminée

GRAND SALON OVALE DE
Mme LA PRINCESSE DE ROHAN
AU 1er ÉTAGE

Balcon

CHAMBRE À COUCHER

Escalier communiquant
à la chambre
du Prince
au
Rez-de-Chaussée

Passage

Ruelle

Glace

Jardin

Garde robe

Lit

Glace

Glace

Ruelle

Glace

CHAMBRE DE PARADE DE
Mme LA PRINCESSE DE ROHAN
AU 1er ÉTAGE.

Cour

Tapisserie

Glace

Salle d'Assemblée ou Salon d'Attente

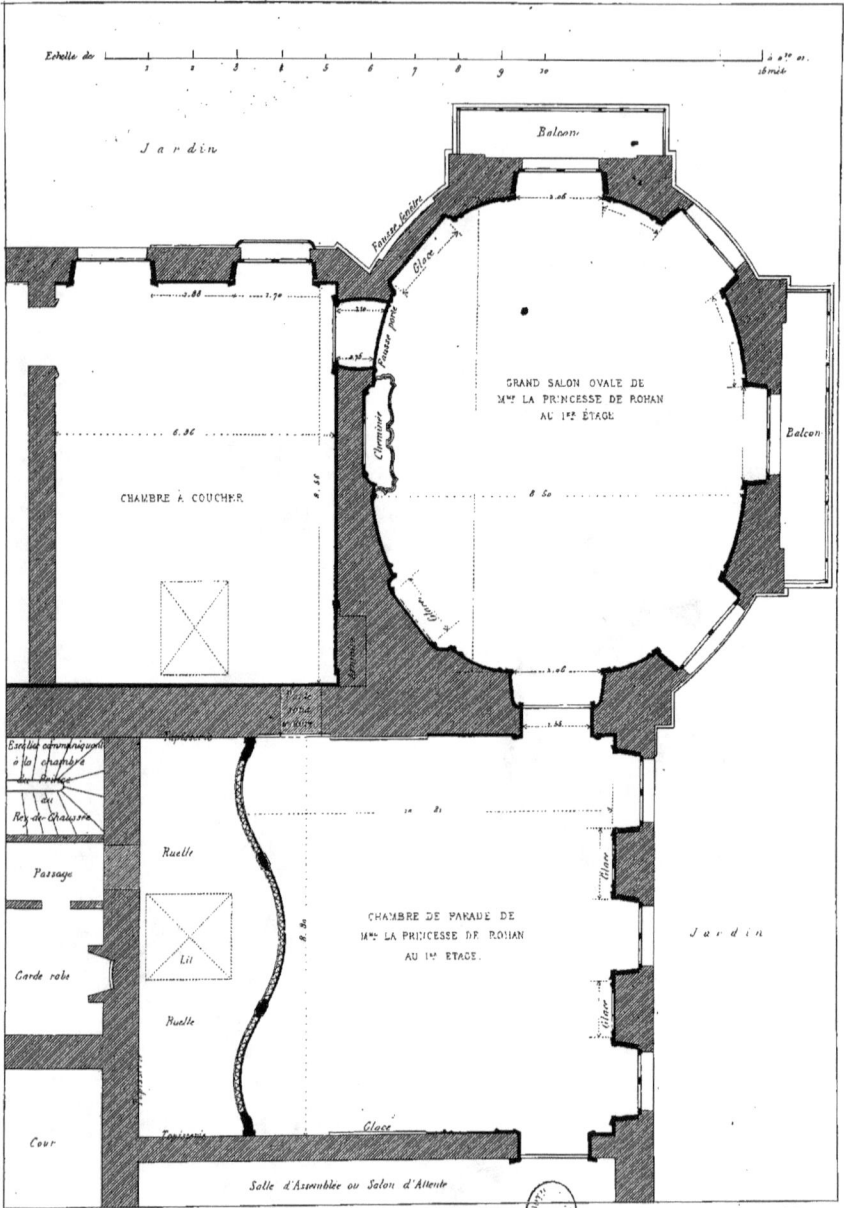

E. Rouyer arch. del.

Sellier sc.

HÔTEL DE SOUBISE. (ARCHIVES DE L'EMPIRE)

PLAN AU 1er ÉTAGE D'UNE PARTIE DES
GRANDS APPARTEMENTS DE Mme LA PRINCESSE DE ROHAN.

PARIS. NOBLET & BAUDRY. ÉDITEURS.

Imp^{ie} Lemercier. Paris.

CHAMBRE À COUCHER DE Mme LA PRINCESSE DE ROHAN, À L'HÔTEL DE SOUBISE

(ARCHIVES DE L'EMPIRE)

CÔTÉ DE LA GLACE

PARIS BANCE ÉDITEUR

346

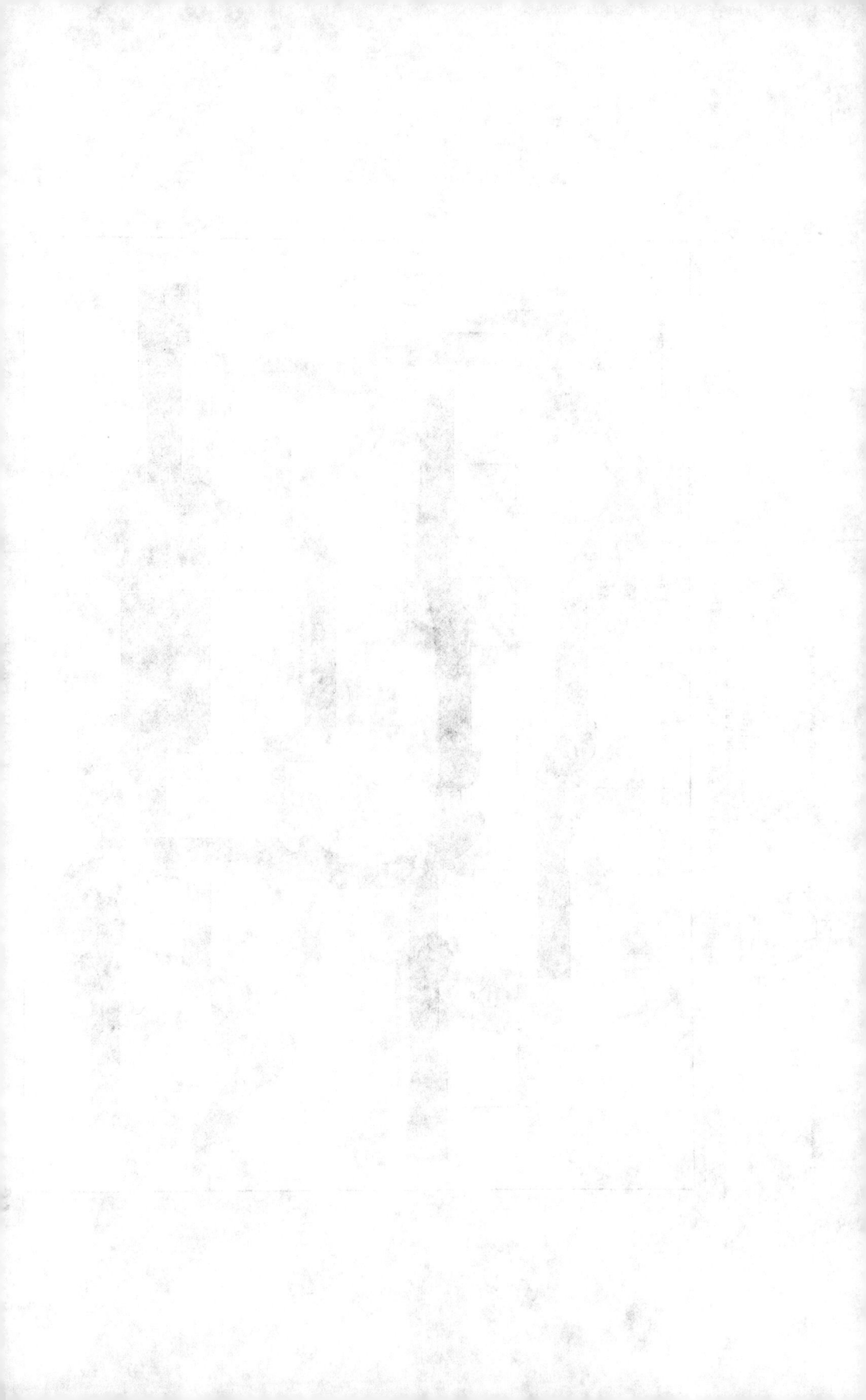

E. Sergent, arch. del.

HÔTEL DE SOUBISE, CHAMBRE À COUCHER DE Mme LA PRINCESSE DE ROHAN.

(ARCHIVES DE L'EMPIRE)

PROFILS DES BOISERIES ½ D'EXtion

CHAMBRANLE DE LA PORTE.

CADRE DU PETIT PANNEAU.

COUPE SUR LE PETIT CADRE DE LA PORTE

CADRE DU GRAND PANNEAU.

CADRE DE LA GLACE.

Glace.

Sellier sc.

PARIS, NOBLET & BAUDRY, ÉDITEURS.

Imp. Lemercier, Paris.

E. Rouyer archt dir ____ P. Sellier del

PARIS, ROBERT & BAUDRY, EDITEURS

NCESSE

DUNE PI

t. Verguin arch. dir.

Échelle de

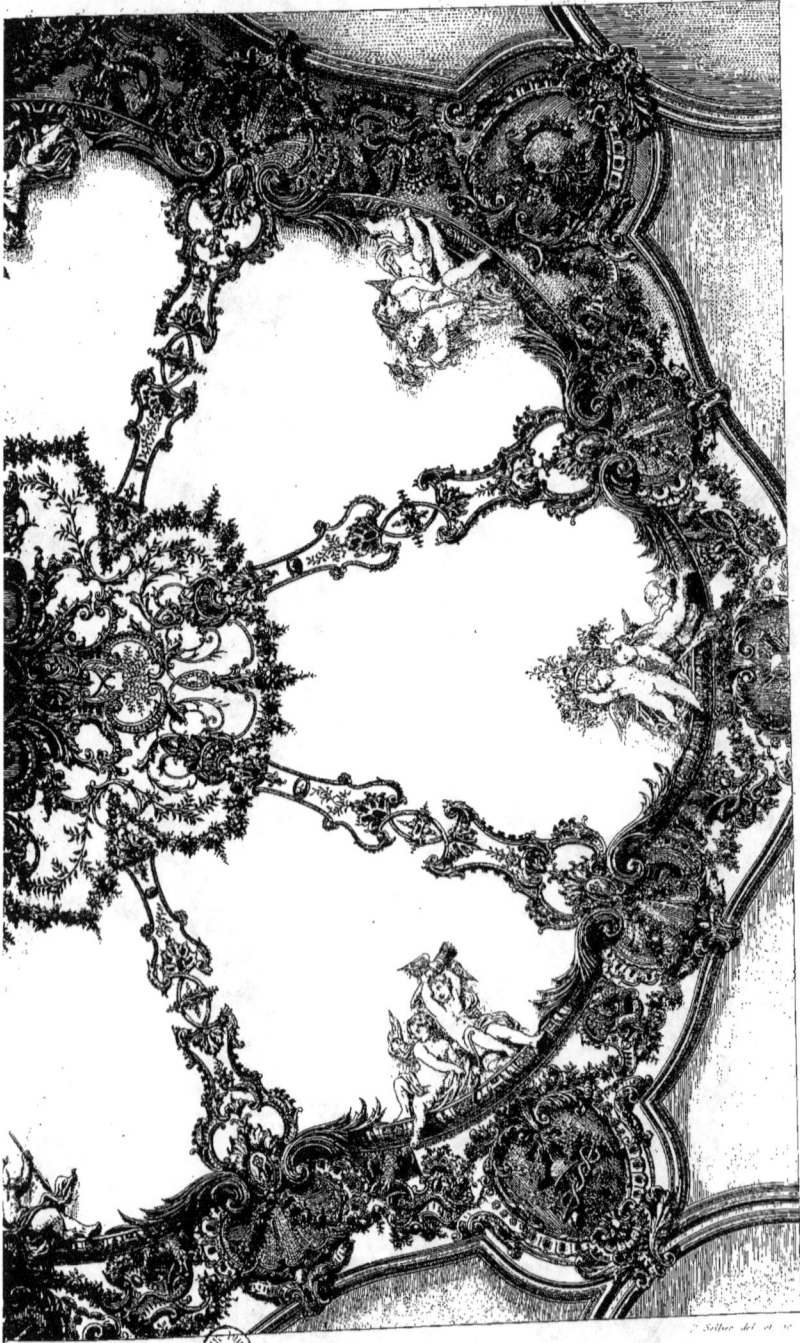

J. Sellier del et sc

b mil
1 o^m o3 p^r mèt.

ROHAN, À L'HÔTEL DE SOUBISE.
(S L'EMPIRE)
ÉORATION DU PLAFOND

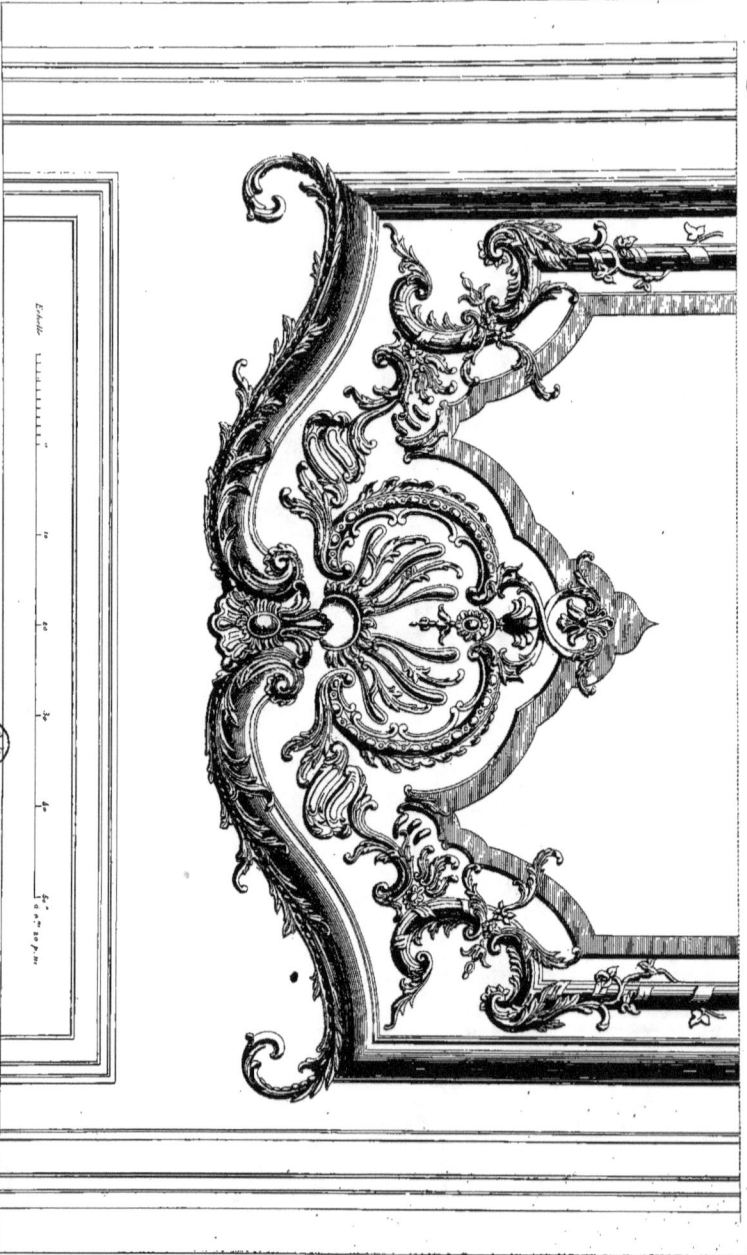

HÔTEL SOUBISE, SALON DE Mme LA PRINCESSE DE ROHAN

(ARCHIVES DE L'EMPIRE)

PROFILS DES BOISERIES AU ½ D'EXÉCUTION

GRANDE PORTE CÔTÉ DU SALON OVALE

GRANDE PORTE CÔTÉ DE LA CHAMBRE À COUCHER

ÉBRASEMENT DE LA PORTE.

ÉBRASEMENT
DES FENÊTRES.

CADRE DES TABLEAUX
PEINTS PAR NATTOIRE

Tableau

ÉBRASEMENT DE LA PORTE.

CHAMBRANLE DORÉ DE LA CHAMBRE À COUCHER.

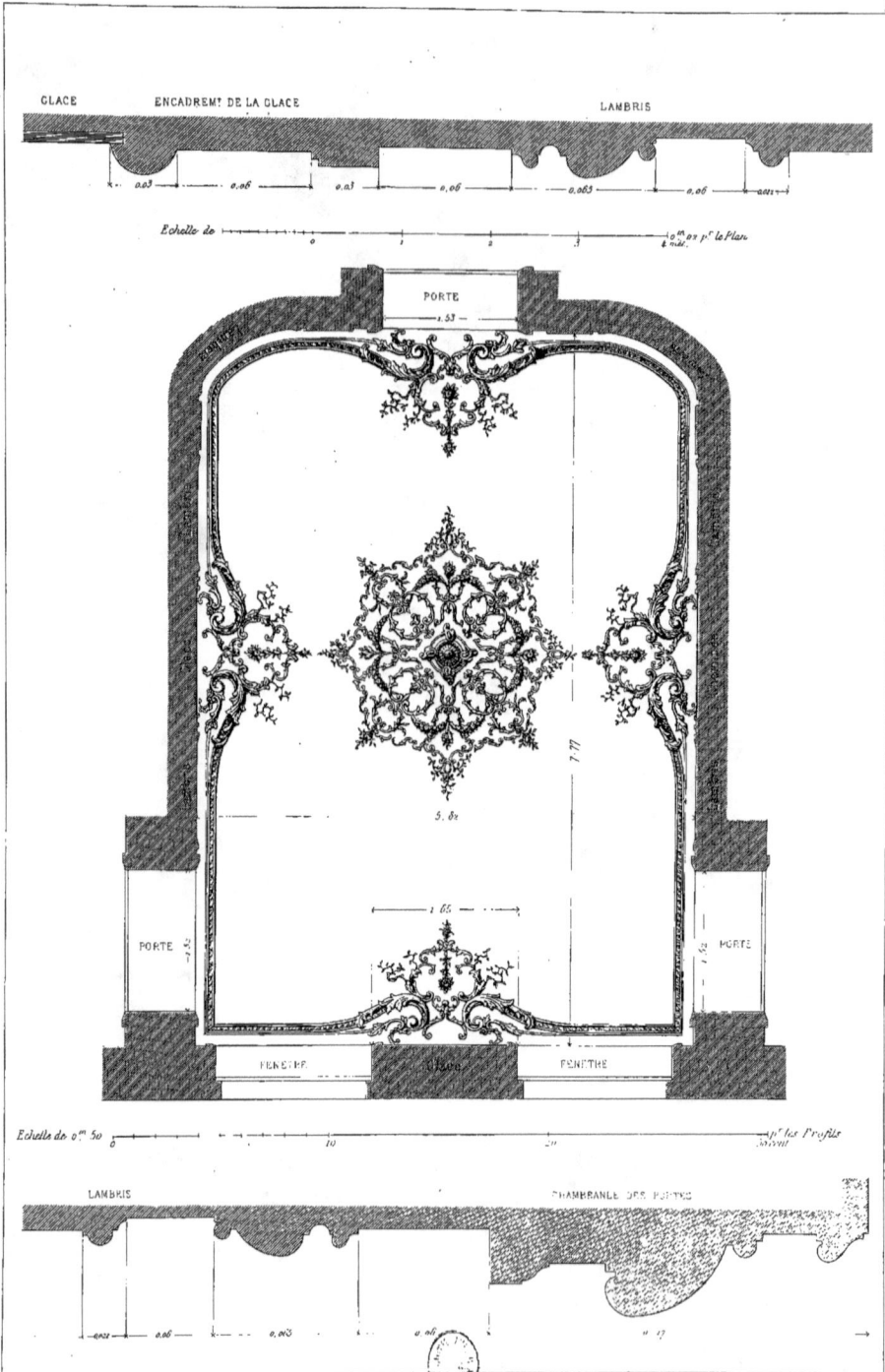

GLACE ENCADREM.T DE LA GLACE LAMBRIS

Echelle de

PORTE

PORTE PORTE

FENETRE FENETRE

LAMBRIS CHAMBRANLE DES PORTES

E. Rouyer arch.dir __ P. Sellier del.

SALON DU MINISTÈRE DES TRAVAUX PUBLICS PARIS

PLAN DU SALON ET DÉTAILS DES MENUISERIES

E. Rouyer arch. del.

SALON DU MINISTÈRE DES TRAVAUX PUBLICS A PARIS.
VOL. I ÉLÉVATION

E. Rouyer architecte ___ P. Sellier del.

Echelle de

SALON DU MINISTÈRE DES TRAVAUX PUBLICS A PARIS
CÔTÉ DE LA PORTE

PARIS MOREL et FAUDRY ÉDITEURS   Imp. Bruniaut à Paris.

E. Rouyer arch. dir. — F. Sellier del.

Echelle de

SALON DU MINISTÈRE DES TRAVAUX PUBLICS _ PARIS.
DÉTAIL DU DESSUS DE GLACE.

PARIS RODLET et BAUDRY, ÉDITEURS

Imp. Drouart, Par.

BOUDOIR DE LA REINE MARIE ANTOINETTE

PALAIS DU PETIT TRIANON.
PORTE D'UN PETIT SALON.

PARIS, NOBLET & BAUDRY, ÉDITEURS.

Imp. Drouart, à Paris

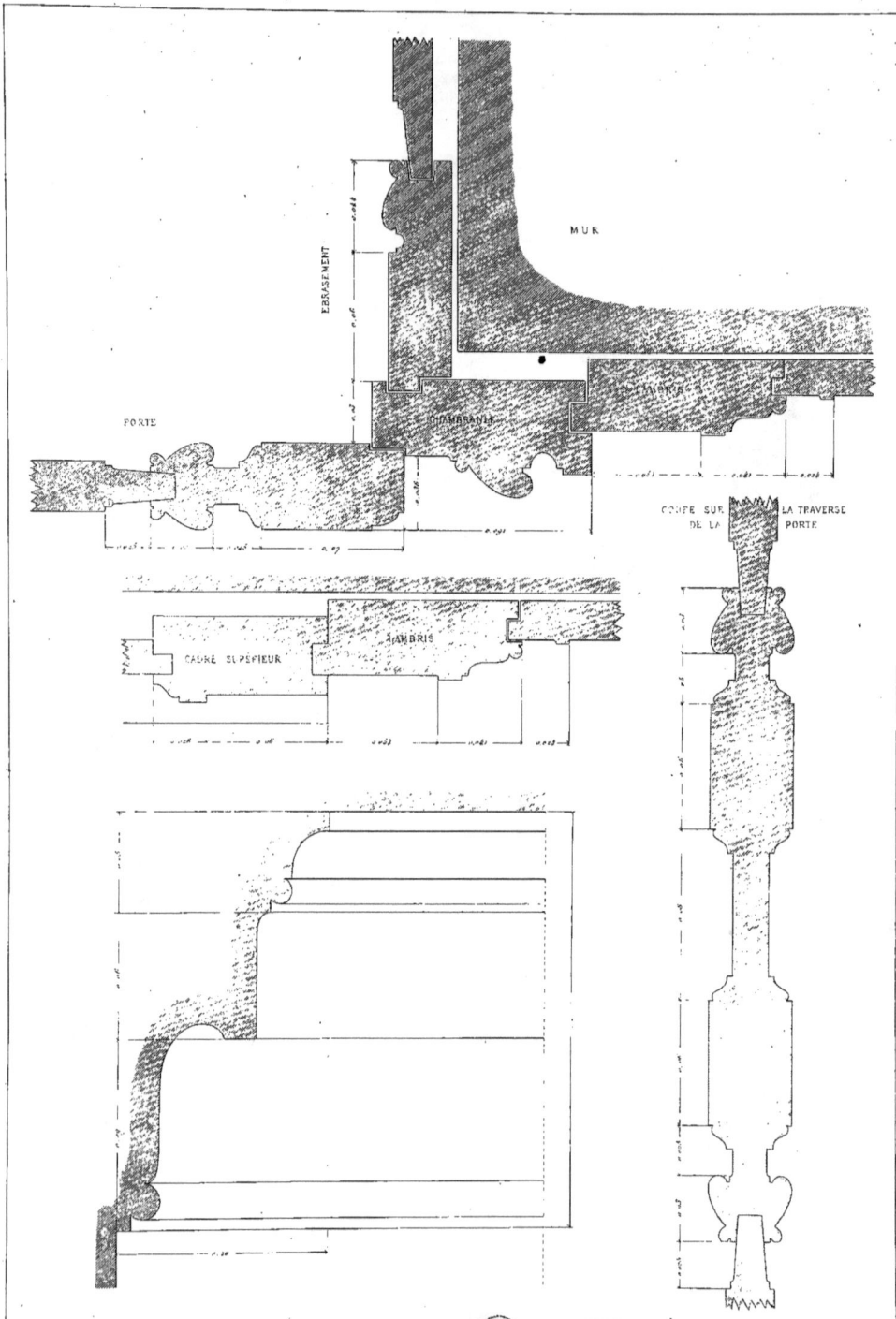

MUR

EBRASEMENT

PORTE

JAMBRAGE

LAMBRIS

COUPE SUR LA TRAVERSE
DE LA PORTE

LAMBRIS

CADRE SUPÉRIEUR

PALAIS DU PETIT TRIANON — DÉTAILS DE LA MENUISERIE
A LA ½ D'EXÉCUTION.

F. Rouyer arch.t del.

Chappuis sc

PARIS, NOBLET & BAUDRY, ÉDITEURS.

Imp. Drouart, à Paris.

Echelle — — — — — — — — de 0ᵐ05 pᵐ mèt.

E. Rouyer Arch. du P. Sellier del.

A. Chappuis sc.

HÔTEL DES POSTES À PARIS
SALON AU REZ-DE-CHAUSSÉE

NOBLET ET BAUDRY EDITEURS, PARIS

Imp. Drouart Paris

Panneau de la Porte

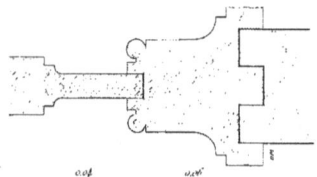

Panneau de la Porte

Montant à côté de la Porte

Corniche supérieure

Corniche de la Porte

Panneau de la Porte

Echelle de

Echelle de

E. Rouyer Arch. dir. P. Sellier del.

A. Chappuis sc.

SALON DE L'HÔTEL DES POSTES À PARIS

DÉTAILS

PARIS. NOBLET et BAUDRY, ÉDITEURS.

Imp. Drouart Paris.

HÔTEL DES POSTES A PARIS

DESSUS DE GLACE DU SALON AU REZ-DE-CHAUSSÉE

PARIS MOREL et BAUDRY, ÉDITEURS

Imp. Drevart, Paris.

A. Chapuis sc.

E. Rouyer Arch. dir.   P. Sellier del.

A. Chappuis sc.

SALON DE L'HÔTEL DES POSTES À PARIS.
ROSACE DU PLAFOND.

PARIS, NOBLET et BAUDRY, ÉDITEURS.

87

E. Rouyer arch. del.

Sonderal sc.

HOTEL NAURISSART A LIMOGES

HÔTEL DE M.R COSSERAT, A AMIENS.

PORTE DU SALON.

PARIS. NOBLET & BAUDRY, EDITEURS.

Imp Drouart, à Paris

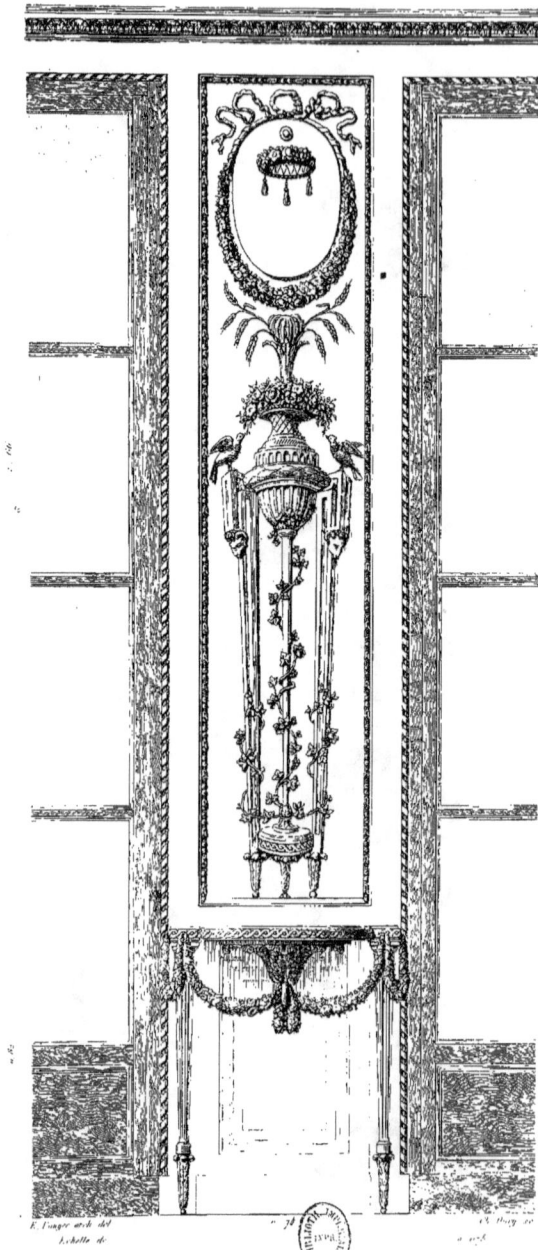

HÔTEL DE Mr COSSERAT, A AMIENS.

TRUMEAU DU SALON.

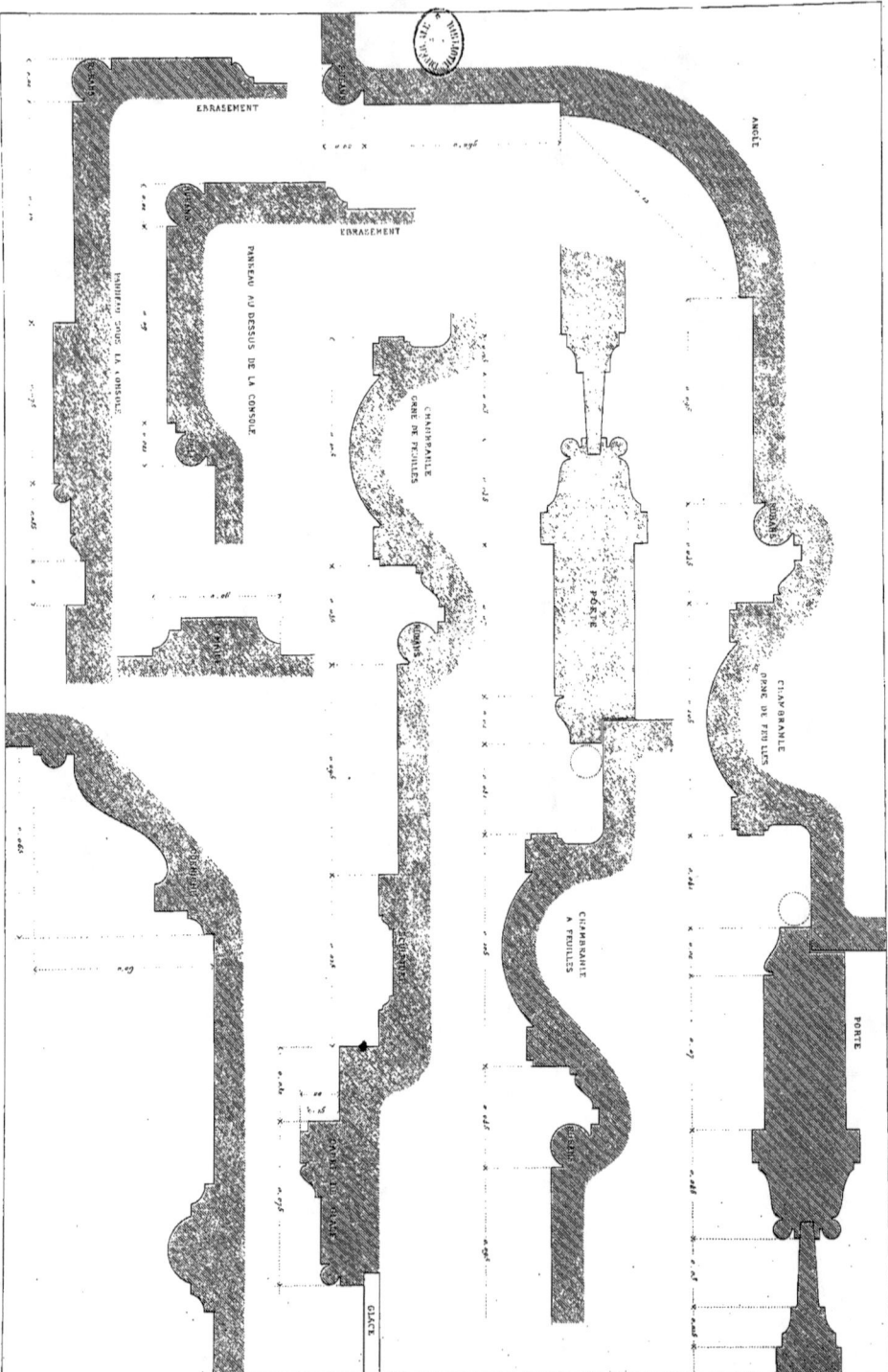

HÔTEL DE MME COSSERAT, À AMIENS

PROFILS DU SALON — A MOITIE D'EXÉCUTION.

EBRASEMENT

EBRASEMENT

PANNEAU SOUS LA CONSOLE

PANNEAU AU DESSUS DE LA CONSOLE

CHAMBRANLE ORNE DE FEUILLES

CHAMBRANLE ORNE DE FEUILLES

CHAMBRANLE A FEUILLES

PORTE

PORTE

PORTE

ANGLE

GLACE

F. Rouyer arch. del.

A. Boudrot sc.

HÔTEL DE BOUFFLERS, À PARIS, RUE LES MATHURINS

SALON

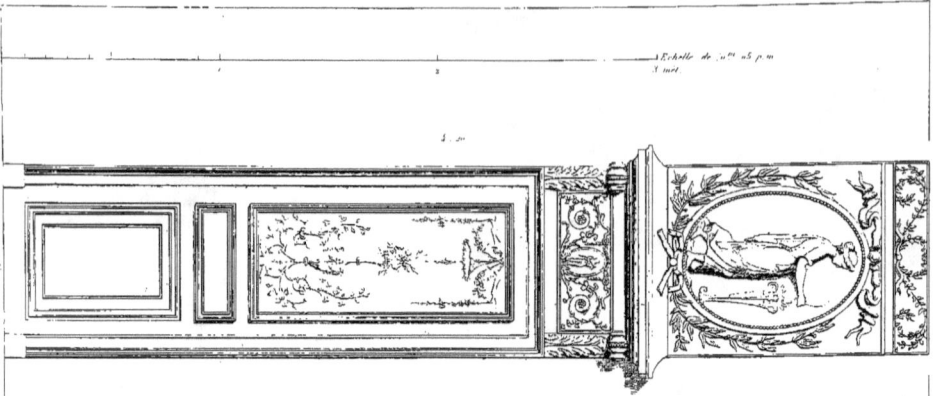

Échelle de 0

E. Rouyer arch dir ...   P. Sellier del

DESSUS DE PORTE, A L'HÔTEL VOGÜÉ

QUAI VOLTAIRE, A PARIS

PARIS. MOREL & BAUDRY ÉDITEURS.

E. Rouyer arch. du — P. Selier del.

de Garcon sc.

HÔTEL VIGIER, QUAI VOLTAIRE, PARIS.

CONSOLE D'UN SALON.

MOTIF MILIEU DE LA CONSOLE.

ANGLE DE LA CONSOLE
VU DE FACE

CONSOLE VUE DE CÔTÉ.

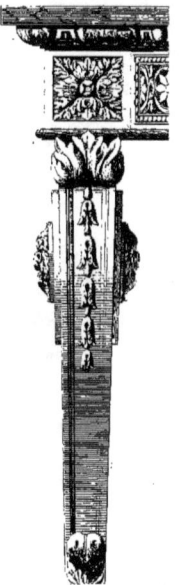

Echelle de

F. Rouyer arch. dir. — P. Sellier del.

HÔTEL VIGIER QUAI VOLTAIRE, PARIS

DÉTAIL DE LA CONSOLE DU SALON

PARIS MOREL & BAUDRY, ÉDITEURS

Imp. Drouart, à Paris

Panneau entre les Fenêtres.

Couronn. de la Porte moitié d'Ex.ion

Porte

Fenêtre

Glace

Plan d'ensemble du Salon.

Porte

Fenêtre

Battant de la Porte

Rue du Puits Galliot

Fenêtre

Porte ou Bouch. avec Glaces

Porte

Porte

Chambranle des Portes

Cheminée

Porte

e. 375 Saillie de la Corniche.

Panneau au dessus des Portes.

e. 305 hauts. de la corniche.

Cadre des Grands Panneaux.

Cadre des petits Panneaux.

SALON RUE DU PUITS GALLIOT, À LYON.

DÉTAILS DE LA MENUISERIE GRANDEUR D'EX.ion

E. Bouges archte del

H. Sellier sc.

SALON, RUE DU PUITS GALLIOT, A LYON

www.ingramcontent.com/pod-product-compliance
Lightning Source LLC
Chambersburg PA
CBHW070741270326
41927CB00010B/2057